Online-Coaching-Business leicht gemacht

Online-Coaching und Online-Kurse auf Anhieb erfolgreich verkaufen - für mehr Unabhängigkeit in deinem Business

Sonja Kreye

© 2020 Sonja Kreye
ISBN: 978-3-9822261-0-1
Auflage 1

Sonja Kreye – Kreye Communication – Business Celebrity
Betentalstr. 55, 69469 Weinheim
https://business-celebrity.com
mentor@businesscelebrity.de

Druckabwicklung & Druckvorbereitung:
One World Distribution, Remscheid

Dieses Werk ist urheberrechtlich geschützt.

Alle Rechte, auch die der Übersetzung, des Nachdrucks und der Vervielfältigung des Werkes oder Teilen daraus, sind vorbehalten. Kein Teil des Werkes darf ohne schriftliche Genehmigung des Verlags in irgendeiner Form (Fotokopie, Mikrofilm oder einem anderen Verfahren), auch nicht für Zwecke der Unterrichtsgestaltung, reproduziert oder unter Verwendung elektronischer Systeme verarbeitet, vervielfältigt oder verbreitet werden.

Die Wiedergabe von Gebrauchsnamen, Handelsnamen, Warenbezeichnungen usw. in diesem Werk berechtigt auch ohne besondere Kennzeichnung nicht zu der Annahme, dass solche Namen im Sinne der Warenzeichen- und Markenschutz-Gesetzgebung als frei zu betrachten wären und daher von jedermann benutzt werden dürfen. Trotz sorgfältigem Lektorat können sich Fehler einschleichen. Autor und Verlag sind deshalb dankbar für diesbezügliche Hinweise. Jegliche Haftung ist ausgeschlossen, alle Rechte bleiben vorbehalten.

Inhaltsverzeichnis

Ziel des Buches	11
Vorwort von Thomas Klußmann	13
Vorwort von Sonja Kreye	15
Kapitel 1: Warum Online-Coaching?	**17**
Vorteile von Online-Coaching	19
Online-Coaching ist die Zukunft	20
Kapitel 2: Wie funktioniert Online-Coaching?	**22**
Wirksamkeit von Online-Coaching	23
Mehr Nachhaltigkeit von Coachings	24
Wie wirst du Online-Coach?	25
Kapitel 3: Schritte, um dein Online-Coaching-Business aufzubauen	**27**
Schritt 1: Positionierung	27
Die vier Fragen der Coach-Positionierung	28
Die Zielkunden-Ebene	28
Dein Ergebnis	29
Aus der Masse hervorstechen	30
Dein Warum	31
Schritt 2: Deine Online-Angebote	32
Welches Angebotsportfolio für dich Sinn macht	33
Für Starter und alle, die am liebsten 1:1 arbeiten	35
Für alle, die von offline auf online umstellen	35

Für alle, die skalieren wollen	36
Für alle, die Online-Gruppen lieben	37
Warum Einsteigerangebote so effektiv sind	37
Das Konzept Lead Magnet	38
Meine bisher erfolgreichsten Lead Magneten	39
Perfekte Lead Magneten für Einsteiger	39
Denkfehler bei Lead Magneten	41
Bezahlte Einsteiger-Angebote	42
Schritt 3: Verkauf	43
Verkaufen lieben lernen	44
Zwei Wege, um Online-Coachings und Online-Kurse zu verkaufen	48
Schritt 4: Expertenstatus und Reichweite	48
Niemand wird zum Experten ernannt	49
Wie du Expertenstatus aufbaust	49

Kapitel 4: Die wichtigsten Angebotsformen – Online-Kurse und Online-Coachings — 51

Definition Online-Kurs und Online-Coaching	53
Vorteile von Online-Angeboten	54
Warum Online-Angebote so wichtig sind für dein Coaching-Business	55
Typologie von Online-Kursen und Online-Coachings	57
Wie ein Online-Coaching nachhaltig wird	62
Welches Online-Angebot für welche Coaching-Nischen?	63

Kapitel 5: Technik-Komponenten deines Online-Coaching Business — 64

Zentraler Erfolgsfaktor: E-Mail-Marketing	65
Erfolgsfaktor Landingpages	67

Erfolgsfaktor Zahlungsabwickler	70
Erfolgsfaktor Online-Coaching oder Online-Kurs-Plattform	72
Online-Kalender	72

Kapitel 6: Technik-Tools für die Durchführung von Online-Coachings und Online-Kursen (Plattformen) — 73

Wann brauchst du eine Coaching- bzw. Kurs-Plattform?	74
Die besten Coaching- und Kurs-Plattformen	75
Technik-Tools für die Kurs-Erstellung	79
Hosting für deine Kurs-Videos oder Audios	80
Online-Meetings mit deinen Kunden	81
Sonder-Tipp: Cai-World	82

Kapitel 7: Technik-Tools für den Verkauf von Online-Coachings und Online-Kursen — 83

Landingpages	83
Weitere Anbieter	84
E-Mail-Marketing	85
Weitere Anbieter	87
Bestellformulare und Zahlungsabwicklung	88
Weitere Anbieter	90
Webinare	91
Weitere Anbieter	92

Kapitel 8: Starter-Strategie für die Kundengewinnung — 95

Warum du für ein Webinar keine E-Mail-Liste brauchst	96
Weitere Vorteile von Webinaren	97

Teilnehmer/innen für dein Webinar gewinnen	98
Die Inhalte deines Webinars	100
Verkaufen im Webinar	101

Kapitel 9: Strategien für Fortgeschrittene — 103

E-Mail-Verkaufs-Sequenzen	104
Vertrauen über Content Marketing	104
Umstellung deines Newsletters auf wertbringende E-Mails	105
Kein Anbieten eines kostenlosen Erstgesprächs überall auf deiner Website	105
Stattdessen: Kundengewinnungs-E-Mails	106
Bücher	108
Ein Buch im Online-Coaching-Business?	108
Verlag oder Eigenverlag?	109
Ist das nicht alles zu viel Aufwand?	109
Leads und Kunden gewinnen mit Büchern	110
Challenges in Facebook-Gruppen	113
Erfolgsfaktoren für deine Challenge	115
Ideen für deine Challenge	115
Das Potenzial von Challenges	116
Die besten Strategien, um Mitglieder für deine Facebook-Gruppe zu gewinnen	116
Videotrainingsserien	117
Ablauf der Videotrainingsserie	118
Erfolgsfaktoren der Videotrainingsserie	119
Das Verkaufs-Video	119
Für wen sich Videotrainingsserien eignen	120

Auto-Webinare	121
Eine kleine Beispielrechnung für Auto-Webinare	122
Der große Vorteil von Auto-Webinaren	123
Warum ich Startern nicht zu Auto-Webinaren rate	123
Showcase-Video	124
Inhalte deines Showcase-Videos	125
Verkaufs-Funnel Showcase-Video	126
Einsatz des Showcase-Videos	127

Kapitel 10: Reichweite vergrößern, Traffic generieren   129

Social Media – Fluch oder Segen?	129
Nicht jede Plattform für jede Zielkundschaft	130
Voraussetzung für den Erfolg in den sozialen Medien	132
Welche Plattform für wen?	133
Facebook	134
Instagram	135
LinkedIn/Xing	136
Pinterest	136
Organisch oder bezahlt?	137
Ab wann sich Anzeigenschaltung lohnt	138
Weitere Methode zur Reichweitensteigerung	141
Abschluss	**143**
Danksagung	**144**
Anhang: Online-Coaching-Angebote und Online-Kurse zur Inspiration	**147**
Online-Coachings	147
Ernährung	147

Stressbewältigung	150
Business	151
Finanzen	156
Frauen	159
Marketing	160
Online-Kurse	**162**
Stressbewältigung	162
Marketing	166
Business	171
Bewegung	173
Ernährung	175
Life Coaching	179
Frauen/Mütter	182

Glossar: Die wichtigsten Begriffe   **189**

Ziel des Buches

Dieses Buch hat nur ein Ziel: Dich ins Handeln zu bringen und dir all das Wissen an die Hand zu geben, das du brauchst, um dein eigenes Online-Coaching-Business erfolgreich zu starten oder dein aktuelles Offline-Business erfolgreich auf Online-Business umzustellen.

Nicht erst seit das Corona-Virus unsere Welt beschäftigt, ist das eine gute Idee. Denn die Online-Medien bieten dir die Möglichkeit, jederzeit von deinem Laptop aus Kunden zu gewinnen, sie online zu betreuen und deine Reichweite immer weiter auszubauen.

Die Online-Technik-Tools bieten dir zudem die Möglichkeit vieles zu automatisieren. Ein deutlich sechsstelliges Dienstleistungs-Business mit zwei Kindern aufzubauen, wäre noch vor einigen Jahren ein riesiger Kraftakt gewesen. Durch automatisierte Prozesse ist das heute jedoch keine so große Sache mehr.

Über 400 Coaches habe ich mittlerweile dabei geholfen, mehr Bekanntheit und Kunden zu gewinnen. Einige davon gehören heute zu den bestbezahlten Coaches in Deutschland. Viele genießen heute die Ortsunabhängigkeit die sie sich gewünscht haben.

Ich wünsche mir, dass du mit diesem Buch die ersten Schritte gehst und dein Online-Coaching-Business startest. Denn mit deinem Coaching hilfst du vielen Menschen weiter und leistest einen enorm wichtigen Beitrag in unserer Gesellschaft.

Coaching war das einzige, was mir aus meiner Lebens-, Karriere- und Sinnkrise vor einigen Jahren heraushalf. Ohne die Unterstützung meiner Coaches wäre ich heute nicht da, wo ich bin. In meinem selbstbestimmten, freien und ortsunabhängigen Traumleben.

Mach dich auf den Weg und genieße bald die Freiheit und Unabhängigkeit in deinem Business, die du dir wünschst.

Vorwort von Thomas Klußmann

Wenn du dieses Buch in den Händen hältst, bist du mittendrin in der wohl unerwartetsten Wirtschaftskrise unseres Landes und der ganzen Welt. Wer hätte sich noch im Januar 2020 vorstellen können, was ein Virus alles bewirken kann?

Egal wie du zum Thema Corona stehst: Fakt ist, dass sich durch das Virus Vieles verändert hat und weiter verändern wird. Veränderung wiederum ist das, was viele Menschen stresst. Einige stecken dann den Kopf in den Sand, jammern und trauern alten Zeiten nach. Andere nutzen gerade in diesen Veränderungs-Zeiten die Chancen, die sich in jeder Krise bieten und stellen ihr Segel in den Wind.

Sonja Kreye hat das bereits vor 7 Jahren getan und ihre ganz persönliche »Corona-Krise« dazu genutzt, ihr Business völlig neu zu denken und ortsunabhängig zu machen. Ihr Online-Coaching-Business betreibt sie von zu Hause aus. Es passt perfekt zu ihrer familiären Situation und wächst unabhängig von ihrem Zeiteinsatz. Eine Tatsache, die in diesen Zeiten von unschätzbarem Wert ist.

Als mir Sonja ihre ganz persönliche Geschichte erzählt hat, haben wir viele Gemeinsamkeiten entdeckt.

Genau wie sie war auch ich der erste, der in einer ländlich geprägten Familie Abitur gemacht hat. Genau wie sie war auch ich auf der Suche nach DER Idee, nach dem eigenen Können und den eigenen Stärken.

Genau wie ihr war auch mir immer klar, dass nur die Selbstständigkeit und das Unternehmertum mich wirklich erfüllen würden.

Genau wie sie hab auch ich immer nach dem Besonderen gesucht und konnte mir einfach nicht vorstellen, mein Leben einfach so vor sich hindümpeln zu lassen.

Gerade in diesen Zeiten der Veränderung – nicht umsonst bedeutet das chinesische Schriftzeichen für Krise gleichzeitig auch Chance – werden Helden und Heldinnen geboren. Helden und Heldinnen, die sich ein Business aufbauen, das nicht nur sie selbst erfüllt, sondern Gutes und Wertvolles auf der Welt bewirkt.

Ich wünsche mir, dass du diese Chancen für dich nutzt und dir mit deinem Online-Coaching-Business die Unabhängigkeit und den Erfolg aufbaust, die du dir vorstellst. Und gleichzeitig vielen Menschen hilfst, ihre ganz persönlichen Herausforderungen zu bewältigen. Denn das ist das, was du als Coach jeden Tag tust.

Mit diesem Buch machst du den ersten Schritt bei einer Expertin, die das, was sie weiter gibt immer erst selbst auf die Tauglichkeit für dich als Coach prüft. Kein Wunder, dass mittlerweile so viele Coaches auf ihre Expertise vertrauen.

Ich wünsche dir viel Spaß, viele Einblicke und viel Begeisterung beim Lesen!

Dein
Thomas Klußmann

Thomas Klußmann ist der Kopf hinter der Marke Gründer.de und versteht es wie kaum ein Zweiter, große Besucherströme im Internet zu generieren. Gemeinsam mit seinem Geschäftspartner Christoph J.F. Schreiber führt er die Digital Beat GmbH, die neben den Online-Formaten Gründerkongress und Erfolgskongress mit bis zu 50.000 Teilnehmern auch die Conversion- und Traffic-Konferenz Contra mit bis zu 2.000 Live-Teilnehmern veranstaltet.

Vorwort von Sonja Kreye

Ich weiß noch sehr genau, wie sie sich anfühlte. Diese Abhängigkeit von großen Auftraggebern gepaart mit der Abhängigkeit von meiner eigenen Zeit. Genau diese Zeit war seit kurzem ziemlich knapp bei mir, denn ich hatte gerade mein erstes Kind bekommen.

Was das für viele Frauen in Deutschland immer noch heißt, wurde mir schlagartig bewusst. Nur wenige Monate zuvor war ich noch DIE Marketing-Expertin in der Motorsportszene, wurde gerne weiterempfohlen, machte so gut wie nie Akquise und war zufrieden mit den Tagessätzen, die mir meine Auftraggeber – meist Automobilunternehmen, aber auch die Formel 1 Organisatoren und Formel 1 Rennfahrer – zahlten.

Jetzt mit Kind durfte ich um Tagessätze feilschen wie eine Anfängerin, hatte zu wenige Anfragen und hätte ich sie gehabt, hätte ich sie nicht bedienen können, da sie meist mit vielen Reisen an Rennstrecken verbunden waren.

Gut gemeinte Ratschläge wie »Genieß doch erstmal deine Elternzeit« empfand ich als blanken Hohn. Klar – und danach mach ich dann Hausfrau? Nicht falsch verstehen: Ich finde, dass jeder Mensch – egal ob Frau oder Mann – entscheiden können sollte, wie er oder sie leben möchte. Ich finde es steht niemandem zu, das von außen zu bewerten.

Ich habe einen unbändigen Drang zu schaffen, neue Dinge zu kreieren, etwas zu bewirken und zu verändern. Und ich bin der

Ansicht, dass Kinder nur dann glücklich aufwachsen können, wenn auch die Mama und der Papa glücklich sind.

Ich suchte also nach etwas Neuem. Einem neuen Business. Einem Business, in das ich meine Stärken einbringen konnte. Schon in der Motorsport-Industrie war ich gut in der Akquise von Sponsoren und Kunden, liebte es Marketingkonzepte auf- und umzusetzen und hatte Erfahrung in der PR.

Einem Business aber auch, bei dem mein limitierter Zeiteinsatz nicht automatisch bedeuten würde, dass ich weniger Geld verdienen würde. Denn ich war ja nicht blöder geworden, sondern hatte nun einfach ein Kind.

Genau das hab ich im Online-Coaching-Business gefunden. Von ganzem Herzen kann ich sagen, dass es mein Traum-Business ist. Ich arbeite von zu Hause aus, gewinne Kunden meist über mein Laptop, arbeite viele Monate des Jahres nur halbtags und habe riesigen Spaß an dem, was ich tue. Denn es gibt nichts Schöneres als Feedbacks von Kunden zu erhalten, dass sie gerade den allerersten Kunden für ihr erstes 3-Monats-Coaching gewonnen haben oder ihr Online-Kurs bei der ersten Verkaufsaktion gleich von 27 Kunden gekauft wurde.

In diesen Momenten weiß ich: ich bin auf meiner Mission. Ich will, dass Coaching in Deutschland zu einem Must-Have wird. Denn mit deinem Coaching kannst du so vielen Menschen da draußen weiterhelfen, ihre ganz eigenen Herausforderungen zu bewältigen und das Leben zu leben, dass sie sich vorstellen.

Mit diesem Buch will ich dir den Einstieg leicht machen und dich ermutigen, dein Online-Coaching-Business zu starten, bzw. dein bisheriges Business auf online umzustellen und in einigen Monaten mehr Freiheit und Unabhängigkeit zu genießen.

Für das Business, das perfekt zu dir passt.
Auf deinen Erfolg!
Deine Sonja

Warum Online-Coaching?

Nicht erst seitdem ein Virus die Menschen dieser Welt zum zuhause bleiben, zu Home Office und verstärkten Hygienemaßnahmen gedrängt hat, ist es eine gute Idee das eigene Coaching Business von offline auf online umzustellen oder – falls du gerade noch am Start deines Coaching Business stehst – auf Anhieb auf online zu setzen.

Die Vorteile eines Online-Coaching-Business liegen klar auf der Hand. Anstatt jeden Tag beim Kunden zu sein, abhängig davon, dass deine Leistung immer wieder abgerufen wird, kannst du dein Online-Coaching-Business von jedem Ort der Welt betreiben. Ich für meinen Teil liebe es, von zu Hause aus zu arbeiten. Das passt am besten zu meiner aktuellen Lebenssituation mit zwei Kindern im Alter von 2 und 8 Jahren.

Ich weiß wie es ist, immer unterwegs zu sein und von Jahr zu Jahr oder manchmal sogar Monat zu Monat auf die neue Beauftragung zu hoffen. Für die Akquise alternativer Kunden ist oftmals keine Zeit oder ein neuer Kunde wäre zwar interessiert, aber du hast nicht genügend Ressourcen. Eine Zeit lang ist das spannend und aufregend, spätestens wenn familiäre Verpflichtungen dazu kommen, oftmals nur nervenaufreibend.

Vielleicht bist du aber auch noch am Start deines Coaching Business und willst von Anfang an die Weichen auf Ortsunabhängigkeit und größtmögliche Wachstumschancen setzen. Ein Online-Coaching-

Business kann dir auch das bieten. Nicht über Nacht. Erfolg über Nacht ist ein Ammenmärchen, aber doch in recht kurzer Zeit.

Für mich war nach der Geburt meines ersten Sohnes klar, dass ich ein Business wollte, das unabhängig von meinem Zeiteinsatz wachsen würde. Ich habe also vom Start weg auf skalierbare Angebote gesetzt und wo immer möglich automatisiert.

Dabei war es nicht von Anfang an mein Ziel, ein »Online-Coaching-Business« aufzubauen. Denn ich selbst bin kein zertifizierter Coach. Meine Kunden haben mich zu einer Coach gemacht. Während ich mich zu Beginn noch gegen diesen Begriff gewehrt habe, hab ich irgendwann nachgegeben und auf die Frage: »Kannst du mich coachen?« einfach immer nur noch mit ja geantwortet und meine Konditionen genannt, wenn ich auch wirklich weiterhelfen konnte.

Du merkst schon: Dieses Buch ist nicht nur für zertifizierte Coaches, sondern auch für alle jene, die entweder von ihren Kunden dazu gemacht wurden oder sich so nennen, weil sie es so wollen und das am Markt ein gängiger Begriff ist. Ich weiß, vielen Coaching-Verbänden dreht sich bei diesem Satz der Magen um.

Ich bin ein großer Fan von guter und fundierter Ausbildung. Auch ich habe neben dem BWL-Studium einiges an Zusatzzertifikaten angehäuft. Ich jedoch denke, dass kein Mensch etwas dafür kann, dass der Begriff Coach nicht geschützt ist. Und wenn der Markt es so versteht, dass jeder ein Coach ist, der coacht ODER berät, dann musst du den Markt nicht erst noch darüber aufklären, was genau Coaching ist und was nicht. Das bringt nämlich nichts. Während du dann nämlich Aufklärungsarbeit betreibst, gewinnen andere Coaches Kunden.

Zudem sind die Mechanismen, um Kunden zu gewinnen, sowohl für zertifizierte wie auch für andere Coaches gleich.

Dieses Buch richtet sich daher also neben Coaches genauso auch an Berater oder Trainer, wie auch an alle Marketing-, Ernährungs-

und Erfolgs-Experten, die ihr Wissen und ihre Expertise in einem Online-Coaching-Business skalieren wollen.

Wichtig ist, dass du mit deinem Online-Coaching-Business vor allem »selbst zahlende« Kunden ansprechen willst. Das können nicht nur Private, sondern genauso gut Geschäftsführer von KMUs (kleine und mittlere Unternehmen), Führungskräfte oder Unternehmer sein. Die Ansätze in diesem Buch funktionieren für alle Zielgruppen, die selbst die Kaufentscheidung treffen können (also sich nicht zunächst mit einer Einkaufs- oder Personalabteilung auseinandersetzen müssen).

Wenn es also deine Zielsetzung ist, große Unternehmen zu akquirieren und dort beispielsweise im Coaching-Pool aufgenommen zu werden oder dort als Freiberufler zu arbeiten, brauchst du dieses Buch nicht.

Wobei: Ich nehme diese Aussage zurück, denn aufgrund der aktuellen Wirtschaftskrise wurden viele Pool-Coaches oder Freiberufler freigesetzt, so dass es auch in diese Falle eine hervorragende Idee ist, dein Online-Coaching-Business zu starten. Dann aber eben mit einer anderen (selbst zahlenden) Zielgruppe.

Vorteile von Online-Coaching

Du siehst: Online-Coaching hat viele Vorteile. Aber nicht nur für dich als Coach, sondern auch für deinen Coachee. Auch für deinen Coachee ist örtliche Flexibilität vorteilhaft, denn als Online-Coach kannst du deine Klienten in ihrem Lebensalltag unterstützen und nicht mehr nur in extra anberaumten Sitzungen.

Vor allem für Menschen, die nicht in Ballungsgebieten wohnen, sich gerade im Ausland aufhalten, aber in ihrer Muttersprache arbeiten wollen, zeitlich sehr eingespannt und oft an unterschiedlichen Orten unterwegs sind oder auch auf Grund von Alter oder mangelnder

Mobilität nur schwierig an Präsenz-Sitzungen teilnehmen können oder wollen, ist Online-Coaching vorteilhaft.

Für dich als Coach vergrößert sich mit einem Online-Coaching-Angebot oder einem Online-Kurs deine Reichweite erheblich, denn es ist egal, ob dein Coachee im gleichen Ort sitzt wie du oder viele Hunderte Kilometer entfernt.

So ist es wenig verwunderlich, dass es Coaches, die nicht nur nebenbei, sondern vor allem online coachen leichter fällt ein profitables Business aufzubauen als solchen, die immer noch rein offline coachen.

Online-Coaching ist die Zukunft

Selbst die anerkannten Coaching-Verbände haben mittlerweile erkannt: Online-Coaching ist die Zukunft. In der Online-Marketing-Welt, bei den Trainern und Beratern und für alle, die sich häufig in den sozialen Medien tummeln, ist das sowieso bereits ein Fakt.

Nicht nur in der Ansprache von selbst zahlenden Kunden. Auch im Business-to-business-Bereich gibt es mehr und mehr Online-Coaching-Angebote, beispielsweise durch Coaching-Portale wie CoachNow, CoachHub und evelopme.

Vorteilhaft für dich als Coach sind solche Portale jedoch nicht. Denn sie bieten maximale Preis-Transparenz, ermöglichen es dir jedoch selten, aus der Masse deiner Wettbewerber hervorzustechen. Das ist schön für die Unternehmen, die diese Portale nutzen und jede Menge Aufwand sparen.

Für dich ändert sich, dass du dann zwar nicht mehr von einem einzigen Unternehmen abhängig bist, aber von dieser Plattform und keinerlei Spielraum hast, deine Preise selbst zu bestimmen. Zudem darfst du stets verfügbar sein, nämlich immer dann, wenn eine

Coaching-Anfrage kommt. Meine Definition von Unternehmertum ist das nicht.

Denn Unternehmertum darf nach deinen eigenen Regeln laufen und sich deinen Bedürfnissen anpassen. Schließlich trägst du ja auch das Risiko, das Unternehmertum mit sich bringt. Du darfst selbst für Kunden sorgen, dich selbst versichern und absichern und dein eigenes Geld in deine Weiterentwicklung und die deines Business stecken. Sollte es da nicht selbstverständlich sein, dass du es auch nach deinen eigenen Regeln führst?

Mach dich auf den Weg, dein Online-Coaching-Business nach deinen eigenen Regeln aufzubauen. Unabhängig von Plattformen, mit dir als deiner eigenen Marke, einer eigenen Zielgruppe und Community, die dir gerne folgt und somit der Macht, immer dann neue Kunden zu gewinnen, wenn du es willst.

2

Wie funktioniert Online-Coaching?

Allein mit der Definition und der Funktionsweise von Online-Coaching könnte man wohl mehrere Bücher füllen. Coaching ist bereits seit mehreren Jahren ein Trend-Thema und nicht erst seit das »Abstand-Halten« und das Arbeiten von Zu Hause einen neuen Boom erleben, hat sich dieser Trend auf Online-Coaching verlagert.

Um dir einen Rahmen zu geben, was in diesem Buch mit Online-Coaching gemeint ist, hier eine Definition: Unter Online-Coaching versteht man eine persönliche Beratung, eben ein Coaching, das flexibel von zu Hause aus oder von unterwegs mit einem PC oder mobilen Endgerät, wie beispielsweise dem Smartphone durchgeführt wird. Das Coaching wird dabei interaktiv über eine gesicherte Verbindung über das Internet abgehalten.

Soweit so klar. Was bei dieser Definition nicht berücksichtigt wird, ist dass es für Coaching viele Definitionen gibt. Der Begriff Coach ist nicht geschützt und von der Finanz-Beraterin bis zum Heiler kann sich jeder Coach nennen.

Es liegt mir fern, an dieser Stelle eine Bewertung vorzunehmen, wer nun »echter« Coach ist und wer nicht. In diesem Buch mache ich also keinen Unterschied zwischen ausgebildeten und/oder zertifizierten Coaches und Coaches, die durch ihre Zielkunden zu solchen geworden sind, aus dem Grund, dass die Gesetzmäßigkeiten, um sich mit Coaching ein profitables Business aufzubauen, die gleichen sind. Egal ob Ausbildung, Zertifizierung oder nicht.

Zudem bin ich selbst kein ausgebildeter und zertifizierter Coach, sondern eben auch eine, die von ihren Kundinnen und Kunden dazu gemacht wurde. Ich habe mich sogar lange davor gescheut, das Wort Coach für mich zu verwenden, am Ende aber eingelenkt. Schließlich ist es das, was meine Kunden aus mir machen.

Dass ich das hier nochmals wiederhole, soll dir zeigen, wie wichtig es mir ist, hier keinen Unterschied zu machen. Denn die Diskussion darüber, wer nun echter Coach, selbsternannter Coach, Mentor oder was auch immer ist, bringt niemanden weiter und die Frage, was ein echtes Coaching ist und was eine Beratung ebenfalls nicht. Wichtig ist, was der Markt haben will. Punkt.

Doch wie funktioniert Online-Coaching denn nun? Im Grund genommen genauso wie ein Offline-Coaching nur eben über ein technisches Hilfsmittel wie beispielsweise Zoom, Skype, Microsoft Teams oder auch Coaching-Plattformen wie die Cai-World.

Wirksamkeit von Online-Coaching

Bringt Online-Coaching denn aber auch was für den Kunden? Ist es nicht wesentlich wirksamer, mit jedem Coachee von Angesicht zu Angesicht und im gleichen Raum zu sprechen, um Gestik und Mimik genau beobachten zu können und besser zu coachen? Diese Frage kommt mir immer wieder in meinem Business-Alltag unter.

Thomas Berger, Psychologe an der Universität Bern, hat sich mit der Wirksamkeit von Online-Therapie beschäftigt, die oftmals mit Online-Coaching vergleichbar ist. Bei einer Befragung seiner Online-Therapie-Teilnehmer stellte sich heraus, dass 3 von 10 ohne Internet erst gar keinen Therapeuten aufgesucht hätten. Weitere 3 der 10 Teilnehmer sahen die Online Beratung als Einstieg, um eventuell in Zukunft eine herkömmliche Therapie in Anspruch zu nehmen. (*Quelle: https://www.researchgate.net/profile/Thomas_Berger17/*

publication/247465485_Internetbasierte_Psychotherapien_Besonderheiten_
und_empirische_Evidenz/links/569bf95908aeeea985a59d4b.pdf)

Therapieforscherin Prof. Dr. Christiane Eichenberg hat in einer ihrer Studien herausgefunden, dass 43,7% der deutschen Internetnutzer bereit sind, bei psychischen Belastungen Hilfe aus dem Internet zu holen. Ähnlich hoch dürfte die Zahl für das Online-Coaching liegen. (Quelle: http://www.christianeeichenberg.de/?page_id=16)

Auch der amerikanische Therapie-Bot simcoach.org bestätigt diese Feststellung. Simcoach therapiert US-Militärs und ihre Familien bei Depressionen oder posttraumatischen Belastungsstörungen und die Mehrheit der Nutzer bestätigt, dass sie den Chatbot einer realen Person vorziehen, da es ihnen leichter fällt, sich einem Computer zu öffnen als einem Menschen. (Quelle: https://www.simcoach.org)

Auch wenn ich dazu keine Studien zeigen kann, sehe ich doch deutliche Parallelen zum Online-Coaching oder -Kurs. Aus eigener Erfahrung kann ich sagen, dass viele meiner Kunden bei mir zum ersten Mal an einem Online-Coaching oder Online-Kurs teilgenommen haben und danach noch viele weitere belegt haben. Die Einstiegshürde ist durch die Nutzung des Internets sehr gering.

Mehr Nachhaltigkeit von Coachings

Durch die Unterstützung deines Online-Coachings oder Online-Kurses mit Arbeitsmaterialien, Dokumentationen, Übungen, Persönlichkeitstest oder weiteren Coaching-Methoden, die du über deinen geschlossenen Mitgliederbereich oder über eine Coaching-Plattform ausliefern kannst, machst du dein Online-Coaching zudem nachhaltiger als ein reguläres Coaching.

Dein Coachee kann seinen Veränderungs-Fortschritt nicht nur fühlen, sondern sehen und immer wieder nachlesen. Das ist vor allem deshalb wichtig, weil Menschen gerne vergessen, dass sie zwei

Wochen zuvor einen »Durchbruch« erlebt haben, wenn er sich bei der nächsten Coaching-Session entmutigt fühlt, weil die nächste Hürde ansteht.

Mit Online-Coaching-Plattformen verbesserst du die Ergebnisse für deine Coachees, lieferst eine bessere Coaching-Qualität und erhältst somit auch mehr Weiterempfehlungen. Die Evaluation wird einfacher und mehr von deinen Coachees bestätigen dir die Wirksamkeit deiner Arbeit in Referenzen, die dir die Neukundengewinnung erleichtern.

Wie wirst du Online-Coach?

Um online zu coachen, brauchst du keine gesonderte Ausbildung. Du hast also die gleichen Möglichkeiten zur Ausbildung wie eh und je. Leider ist der Ausbildungsmarkt für Coaches in Deutschland mehr als unübersichtlich. Mir ist wichtig, dass du an dieser Stelle weißt, dass du – wenn du bereits Coach, Berater oder Trainer bist – kein weiteres Zertifikat brauchst, um online zu coachen.

In meinem Falle, genauso wie bei anderen Beratern und Trainern, reicht es aus, fachlich kompetent zu sein und dieses Fachwissen interessant, lebendig und anschaulich vermitteln zu können. Damit im Anschluss die Kunden in der Lage sind, die gewünschte Veränderung auch tatsächlich umzusetzen.

In einigen Bereichen – und da sind wir im klassischen Coaching – reicht dies aber nicht aus. Obwohl das Wissen da ist und auch gut vermittelt wurde, erfolgt keine Umsetzung. Genau in solchen Fällen setzt Coaching an. Denn jeder Mensch hat andere Antreiber, die ihn motivieren und sein Handeln bestimmen und Verhinderer, die ihm im Weg stehen. Jeder Mensch hat Dinge, die ihm Kraft geben und Dinge, die ihm Kraft rauben und Glaubenssätze, die ihn stärken oder behindern. Ein Coach findet gemeinsam mit seinem Coachee diese Blockaden heraus und hilft ihm sie selbst zu lösen.

Coaching und Beratung bzw. Training können sich daher ganz wunderbar ergänzen. Wenn du also entscheidest, eine Coaching-Ausbildung zu machen, um deine Beratung oder dein Training zu vertiefen, kann ich dich dazu nur ermutigen. Der Grund, warum ich bisher noch keine Coaching-Ausbildung »aufgesattelt« habe, ist mein Selbstverständnis.

Zum einen will ich den Blick von außen auf den Coaching-Markt nicht verlieren, zum anderen zeigen, dass ich in meinem eigenen Rahmen auch ohne Coaching-Ausbildung klarkomme. Selbstverständlich ist dabei für mich, einen Coaching-Kunden auch abzulehnen, wenn klar ist, dass die Herausforderung, die er zu lösen hat, nur durch ein »echtes« Coaching zu lösen ist.

Weit wichtiger als noch eine gesonderte »Online-Coaching-Ausbildung« ist, dass du dich in die notwendigen Technik-Tools einarbeitest und lernst, wie du online Kunden gewinnst. Dieses Buch hilft dir in den kommenden Kapiteln dabei, die richtigen Tools auszuwählen und stellst dir sowohl die beste Starter- wie auch fortgeschrittene Kundengewinnungsstrategien vor.

Schritte, um dein Online-Coaching-Business aufzubauen

Schritt 1: Positionierung

Genau wie im herkömmlichen Coaching-Business startet auch der Aufbau eines Online-Coaching-Businesses bei der Positionierung. Du als Coach solltest wissen, für wen du der richtige Coach bist (also wer genau deine Zielkunden sind) und bei welcher Herausforderung du deinen Zielkunden weiterhelfen kannst und willst.

Deine Positionierung darf umso spitzer sein, je mehr du mit selbst zahlenden Kunden arbeiten möchtest und je mehr du Kunden über Online-Marketing gewinnen willst. Denn besonders bei dieser Zielkundschaft spielt dein Expertenstatus eine entscheidende Rolle. Du wirst umso mehr nachgefragt, je bekannter du bist und je mehr du als Experte für dein Thema wahrgenommen wirst. Das kannst du nur erreichen, wenn du für ein konkretes Thema stehst, beispielsweise für den erfolgreichen Aufbau einer Karriere für Führungskräfte.

Wenn du dein Thema hingegen offenlässt, wird es dir schwerfallen, eben diesen Expertenstatus aufzubauen, da es für uns Menschen schwierig ist nachzuvollziehen, dass du als Coach von der erfolgreichen Karriereplanung für Führungskräfte genauso viel Ahnung hast, wie von glücklicher Beziehungsführung für junge Paare.

Das ist generell der Knackpunkt und die Schwierigkeit beim Verkauf von Coaching – egal ob offline oder online. Coaching ist Hilfe zur Selbsthilfe. Selbstverständlich kann ein gut ausgebildeter und zertifizierter Coach daher auch an vielen unterschiedlichen Themen coachen, denn im Grund wendet er dazu einfach seine Fragetechniken und die zahlreichen darüber hinausgehenden Methoden an, um den Coachee zu seiner eigenen Lösung zu verhelfen.

Dass das funktioniert bezweifeln aber viele Menschen. Sie bezweifeln, dass sie selbst ihre eigene Lösung finden können und sind noch dazu wenig bereit, für den Fakt, dass sie selbst die Lösung gefunden haben, zu zahlen.

Die vier Fragen der Coach-Positionierung

Deine Coach-Positionierung muss vier Fragen beantworten:

1. Wer genau ist dein Zielkunde? (Vor welcher Herausforderung steht er/sie und wie fühlt er/sie sich?)
2. Was ist besser, nachdem er/sie dein Kunde war? (Welches Ergebnis bietest du?)
3. Wie unterscheidest du dich von anderen Anbietern? (Was macht dich einzigartig?) und
4. Warum tust du, was du tust? (Was ist deine Mission?)

Die Zielkunden-Ebene

Auf der Ebene deiner Zielkunden reicht es nicht aus, zu definieren, dass du beispielsweise Führungskräfte coachst. Oder Mütter. Oder Unternehmer. Diese Definition ist zu generisch. Eine Mutter von Kleinkindern hat ganz andere Herausforderungen wie eine Mutter, deren Kinder bereits außer Haus sind.

Es gilt für dich zu definieren, vor welcher Herausforderung dein Kunde, den du ansprechen willst, gerade steht und wie er oder sie sich genau fühlt. Je tiefer du die unausgesprochenen Wünsche und Träume deiner Zielkunden und Zielkundinnen kennst und ansprechen kannst, umso besser. Im Unterschied zu einer Zielgruppe hast du dann nämlich einen so genannten Kunden-Avatar.

Coaching wird von Menschen dort gekauft, wo sie sich verstanden und abgeholt fühlen. In welchem Gefühlszustand befindet sich dein Kunde, bevor er dein Coaching braucht? Was geht in ihr vor? Was will er sich kaum eingestehen?

Wenn dein Zielkunde das Gefühl hat, dass du ihn derart gut verstehst, hast du eine tiefe Beziehung aufgebaut. Und großes Vertrauen. Und großes Vertrauen ist gleichbedeutend mit einer authentischen Beziehung, mehr Verkäufen, mehr Empfehlungen, wiederkehrenden Kunden und einem erfüllten Business.

Dein Ergebnis

Auch wenn diese Aussage weh tut: Coaching ist nicht das, wonach dein Zielkunde sucht. Zielkunden suchen also nach Lösungen für ihr Problem. Nicht mehr und nicht weniger. Wie er oder sie das Problem löst, ist ihm oder ihr erst mal egal. Das kann durch Coaching passieren, durch Meditation, durch Beratung, Hypnose oder durch Voodoo.

Wir Menschen wollen immer als erstes wissen, was für uns »drin« ist. Die Art und Weise, die Methode wie das Problem gelöst wird, ist zweitrangig.

Was ist also das Ergebnis, das du mit deinem Coaching in Aussicht stellst?

Keine Angst. An der Stelle musst du nicht kreativ werden, denn die Bedürfnisse von uns Menschen sind immer ähnlich.

Im Business wollen wir mehr Umsatz oder Wachstum, mehr Kunden, mehr Zeit, mehr Erfolg, weniger Kosten, weniger Druck, Profitabilität, das Traum-Business, das nächste Karrierelevel oder mehr Motivation und Leistungsfähigkeit, mehr Sinn (und all die dazugehörigen Facetten).

Privat wollen wir weniger Gewicht, mehr Glück, weniger Schmerzen, mehr Mut, weniger Gedankenkarussell, weniger Stress, mehr Schönheit, mehr (Beziehungs-) Erfolg, weniger Angst, weniger Druck, den Traumpartner, die Traumfigur, mehr Leichtigkeit usw.

Du darfst hier nicht den Fehler machen und versuchen, ein noch nie dagewesenes Ergebnis in Aussicht zu stellen. Unsere Bedürfnisse sind immer gleich. Welches befriedigst du mit deinem Coaching?

Aus der Masse hervorstechen

Dich unterscheiden und aus der Masse der Coaches hervorstechen, kannst du, indem du deine Persönlichkeit mit in dein Business einbringst. Das ist dann auch der nächste wichtige Schritt in Richtung Aufbau deiner Personenmarke.

Dein Alleinstellungsmerkmal ist das Zusammenspiel aus deiner einzigartigen Persönlichkeit, den Geschichten, die du in deinem Leben erlebt hast, deines eigenen Sprach- und Kommunikationsstils und der von dir genutzten Kommunikationswege.

Gerade im Coaching-Business ist größtmögliches Vertrauen die wichtigste Voraussetzung für deine erfolgreiche Kundengewinnung. Deine Zielkunden beauftragen dich, weil sie dir vertrauen. Deine Expertise spielt nur eine untergeordnete Rolle. Diese wird genauso vorausgesetzt wie die Tatsache, dass das neue Auto beim Kauf auch wirklich 200 PS hat.

Aus diesem Grund ist deine Persönlichkeit wichtig. Menschen wollen mit Menschen zusammenarbeiten. Denn auch wenn das Angebot noch so gut ist, wenn das Menschliche zwischen Coach und Coachee nicht stimmt, kommt in der Regel kein Auftrag zustande.

Je echter und authentischer du dich zeigst, umso mehr verbinden sich deine Zielkunden mit dir. Dabei ist es wichtig, dich als Mensch zu präsentieren, mit Fehlern, Ecken und Kanten.

Die Nutzung sozialer Medien oder ein eigener YouTube-Kanal oder Podcast können dein Alleinstellungsmerkmal zusätzlich unterstützen. Denn auch wenn wir manchmal das Gefühl haben, dass es doch bereits so viele Coaches und Unternehmer gibt, die Videos oder Podcasts anbieten: es ist immer noch nur ein kleiner Teil der Unternehmer, die selbst veröffentlicht.

Dein Warum

Viel wird auch immer wieder über das so genannte Warum diskutiert. Wie wichtig ist es wirklich, dass du nicht nur weißt, sondern auch kommunizierst, warum du tust, was du tust. Reicht es nicht aus, eine Leistung anzubieten, die Menschen weiterhilft?

Grundsätzlich reicht das aus. Ein Warum zu haben, bedeutet aber, dass du in der Lage bist, Menschen dazu zu bringen, sich deinem Warum anzuschließen, so dass eine wahre Bewegung daraus wird.

Ich habe mich auf Coaches spezialisiert, weil ich selbst mehrfach erlebt habe, was mit dem richtigen Coaching möglich ist.

Es waren Coaches, die mir halfen, mein Business auf die Erfolgsspur zu bringen, es war ein Coach, der dafür sorgte, dass ich heute immer noch mit meinem Mann verheiratet bin und es sind zwei Coaches, die mich auch heute noch unterstützen, wenn es gilt, mein wachsendes Business mit der Familie zu vereinbaren und Zweifel, Rückschläge und Niederlagen schnell wegzustecken.

Ich kann aus tiefstem Herzen sagen, dass ich ohne Coaching heute nicht dastünde, wo ich bin, und ich bin davon überzeugt, dass das Leben eines jeden Menschen durch Coaching besser wird und dass Coaching in Deutschland zu einem Must-have werden sollte, anstatt weiterhin das Dasein eines Luxus-Gutes zu fristen.

Wie lautet dein Warum und welche Geschichte kannst du deinen Zielkunden erzählen, um klarzustellen, wie wichtig dein Coaching ist?

Schritt 2: Deine Online-Angebote

Egal ob du gerade erst mit deinem Online-Coaching-Business loslegst oder als etablierter Coach die ersten Schritte in Richtung Online-Angebote machst. Es macht Sinn, dir zuvor ein paar Gedanken über ein mögliches Angebots-Portfolio (also einen Bestand von artverwandten Angeboten) aufzubauen.

Ehrenfried Conta-Gromberg von Smart Business Concepts spricht hier von der »Produkt-Treppe®«, die sich auch für dein Online-Coaching-Business hervorragend anwenden lässt (*Quelle: https://smartbusinessconcepts.de/produkt-treppe*).

Diese Treppe – wir sprechen in diesem Buch nachfolgend vom Angebots-Portfolio – ist so aufgebaut, dass deine einzelnen Angebote sinnvoll aufeinander aufbauen. Perfekt wäre, wenn du mit deinem Angebots-Portfolio ganz unten anfangen kannst, also zunächst ein Einstiegsangebot machen kannst. Das ist jedoch nicht in allen Coaching-Nischen einfach.

Wenn du noch am Anfang deines Online-Coaching-Business stehst, ist es meist leichter, mit einem längerfristigen 1:1 Online-Coaching (beispielsweise über 3 oder 6 Monate) und gleichzeitig mit einem VIP- oder Intensiv-Tag zu starten.

Wenn du bereits längerfristige Coaching-Pakete im Angebot hast und diese einfach nur auf Online umstellen willst, kannst du damit loslegen, Einstiegsangebote, beispielsweise in Form von Online-Kursen anzubieten. Wir besprechen beide Angebots-Formen (Online-Kurse und -Coachings) noch im Detail in den weiteren Kapiteln.

Warum du ein Angebotsportfolio brauchst, das aufeinander abgestimmt ist, ist aus zwei Gründen wichtig:

1. Es ist schwieriger einen neuen Kunden zu gewinnen, als weitere Angebote an bestehende Kunden zu verkaufen. Die Wahrscheinlichkeit, einen Käufer zum Wiederkäufer zu machen, ist sechsmal höher als einen Neukunden zu akquirieren.
2. Ein cleveres Angebotsportfolio erleichtert dir die Preisfindung – vom Einstiegs- bis zum Premium-Angebot – und steigert deine Umsätze.

Welches Angebotsportfolio für dich Sinn macht

Je nachdem, ob du am liebsten 1:1 mit deinen Kunden arbeitest oder in Gruppen, ob du ab und an immer noch offline oder rein online coachen willst und natürlich abhängig von deiner Zielgruppe, bzw. deinem Kunden-Avatar machen unterschiedliche Angebotsportfolios für dich Sinn. Nachfolgend gebe ich dir einen Überblick über typische Angebots-Portfolios im Online-Coaching-Business und ordne ein, wann sie für dich in Frage kommen.

Zuvor jedoch eine unglaublich wichtige Prämisse: Um ein profitables Coaching-Business aufzubauen – egal ob offline oder online – solltest du dich ab sofort von Einzelstunden verabschieden, falls du diese noch im Angebot hast.

Einzelstunden machen weder aus Marketing-Sicht noch aus betriebswirtschaftlicher Sicht Sinn. Es ist genauso schwierig jemandem eine Einzelstunde zu verkaufen, wie ein Paket aus persönlichen Sessions,

E-Mail-Support und anderen Komponenten, die in einem Online-Coaching enthalten sind.

Aus betriebswirtschaftlicher Sicht ist es zudem unsinnig, Kunden nur für eine einzige Sitzung zu gewinnen. Der Aufwand, den du für die Akquise betreibst, muss sich im Umsatz widerspiegeln. Anders sieht das beispielsweise bei Online-Kursen als Einstiegsangebot aus. Der Erstellungsaufwand ist einmalig, der Kurs jedoch mehrfach verkaufbar, so dass hier der Preis niedriger sein darf.

Aus Coaching-Sicht ist es zudem meist nicht möglich, das vom Zielkunden gewünschte Ergebnis innerhalb einer Sitzung zu erzielen. Wenn du eine Einzelstunde verkaufst, ist dein Neukunde vielleicht begeistert und hat sogar vor »zurückzukommen«. Das passiert aber oftmals nicht. Vor allem dann nicht, wenn du im Coaching an echten Schmerzpunkten gearbeitet hast.

Wenn du deinem Coachee jedoch ein Dreimonats-, Halbjahres- oder Jahres-Coaching anbietest, ist die Wahrscheinlichkeit, das angestrebte Ziel auch zu erreichen, viel höher. Diese Art der Zusammenarbeit ist zudem persönlicher und pro-aktiver. Du betreust deinen Kunden über einen längeren Zeitraum, bekommst die Fortschritte mit, die dein Kunde macht, kannst notfalls korrigieren und bei zwischenzeitlich aufkommenden Herausforderungen unterstützen.

Das kleinstmögliche Paket, das du zusammenstellen kannst, um von Einzelstunden weg zu kommen, wäre beispielsweise ein 5-Stunden-Paket. Lieber sind mir jedoch 3- und 6-Monatspakete.

Egal ob du offline oder online coachst: Kern deines Online-Coaching-Business ist zumindest für die ersten Jahre meist dein längerfristiges Premium-Online-Coaching. Zeit gegen Geld zu tauschen ist – gerade am Start – in Ordnung, aber eben auch zeitintensiv. Diese Zeit kannst du nicht anderweitig nutzen oder verkaufen. Wenn deine persönliche Zeit dafür benötigt wird, ist der Preis daher auch entsprechend hoch anzusetzen.

Für Starter und alle, die am liebsten 1:1 arbeiten

Wenn du am liebsten mit jedem Kunden einzeln arbeitest und zudem noch am Start deines Coaching-Business bist und noch keine Kundenbasis oder Online-Reichweite hast, startest du am besten mit einem Angebots-Portfolio aus 6-Monats-Coaching, 3-Monats-Coaching und VIP-Tag. Zudem brauchst du einen kostenlosen Lead Magneten, um zu erreichen, dass deine Zielkunden ihre E-Mail-Adresse bei dir hinterlassen. Der Lead Magnet ist also dein kostenloses Einstiegsangebot.

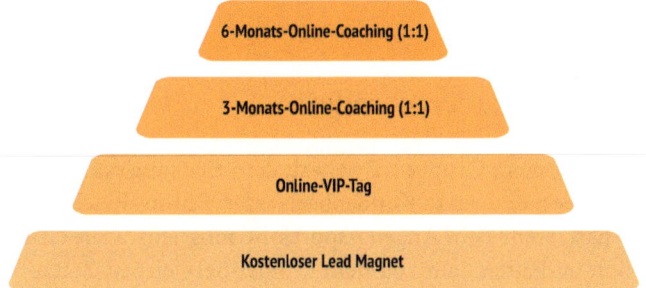

Wenn du in einer Nische bist, in der du dir einen ersten bezahlten Selbstlern-Online-Kurs als Einstiegsangebot vorstellen kannst, kannst du sofort zum nächsten Portfolio übergehen.

Für alle, die von offline auf online umstellen

Wenn du bereits einige Zeit coachst oder eine gute Idee dazu hast, solltest du drüber nachdenken, nach dem Lead Magneten ein skalierbares Einstiegsangebot zu machen, beispielsweise in Form eines Selbstlern-Online-Kurses. Durch den günstigeren Preis dieses Online-Angebots kannst du deine Reichweite erhöhen und mehr Menschen mit deinen Inhalten erreichen, ohne dass dir dadurch mehr Aufwand entsteht. Die Menschen, die deinen Online-Kurs mitmachen, sind danach die beste Zielgruppe für dein höherwertiges persönliches Online-Coaching.

Für alle, die skalieren wollen

Wenn du gerne in Gruppen arbeitest, dein Business skalieren willst und dir schon eine erste Kundenbasis oder Online-Reichweite aufgebaut hast, sollte dein Angebotsportfolio möglichst viele Gruppen-Angebote enthalten, damit du mehr Kunden bei gleichem Zeitaufwand betreuen kannst. Der Vorteil dieses Portfolios ist, dass du den Preis für dein 1:1 Coaching oder deine Mastermind (=Zusammenschluss von Gleichgesinnten, die sich gegenseitig unter deiner Anleitung in ihren Zielen unterstützen) mit dieser Struktur erhöhen kannst.

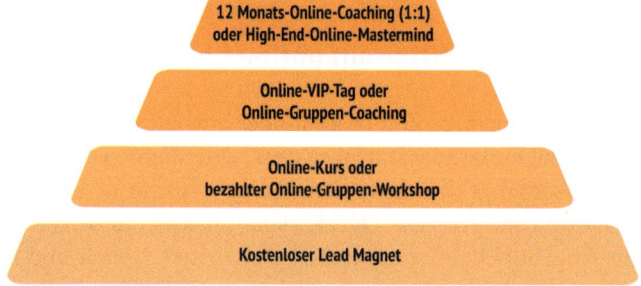

Für alle, die Online-Gruppen lieben

Wenn es deine Zielsetzung ist, vor allem in Online-Kursen mit deinen Kunden zu arbeiten, dann kann dein Angebots-Portfolio auch mehrere Online-Kurs-Stufen enthalten, so wie das bei mir aktuell der Fall ist:

Wie sich die einzelnen Online-Kurs- und Online-Coaching-Angebote unterscheiden, erfährst du im Modul »Online-Kurse«.

Gerade zum Start ist es wichtig, ein Angebotsportfolio zu haben, aber: Mach es dir nicht zu kompliziert. Ein zwei- oder dreistufiges Modell reicht zunächst völlig aus. Die weiteren Angebote führst du nach und nach in dein Business ein.

Warum Einsteigerangebote so effektiv sind

Das gilt vor allem für die sehr persönliche Coaching-Dienstleistung: Um Coaching erfolgreich zu verkaufen, braucht es Vertrauen. Die wenigsten Interessenten kaufen, weil sie einmal deine Website besucht haben. Es dauert eine Weile dieses Vertrauen aufzubauen.

Dienstleistungen wie Coaching können zudem nicht im Voraus getestet werden – der Zielkunde kauft also »die Katze im Sack«. Mit einem Einstiegsangebot verringerst du das Risiko des Fehlkaufs und bietest eine Kostprobe deines Könnens. Dein Einstiegsangebot kann sowohl bezahlt als auch unbezahlt sein.

Das Konzept Lead Magnet

Ein kostenloses Einstiegsangebot (eben auch Lead Magnet genannt), ist quasi ein erstes unwiderstehliches Angebot an deine Zielkunden, das diesen Zielkunden einen Mehrwert bietet wie ein erstes kleines Ergebnis, eine wertvolle Information etc. Im Gegenzug erhältst du die E-Mail-Adresse deines Interessenten.

Die Technik dahinter ist einfach: Damit du deinen Lead Magneten anbieten kannst, brauchst du eine Landingpage und einen E-Mail-Marketing Anbieter. Mehr darüber erfährst du im Kapitel »Technik-Tools für den Verkauf«.

Wenn du es schaffst, einen ansprechenden Lead Magneten anzubieten, kannst du kalten Traffic – also Besucher, die dich noch überhaupt nicht kennen – beispielsweise über bezahlte Anzeigen, Kooperationen, Interviews oder Social-Media-Posts zu E-Mail-Marketing-Abonnenten machen und danach von Interessenten zu Käufern.

Der perfekte Lead Magnet erfüllt folgende Voraussetzungen. Er ist

- Relevant für deine Zielgruppe
- Hochspezifisch
- Kostenlos und
- Leicht zu konsumieren

Es geht hier nicht darum, deine Zielkunden mit Aufgaben, Informationen oder Inspirationen zu überfrachten, sondern sie einen ersten Mini-Schritt in Richtung ihres Ziels zu bringen, ohne sie zu überfordern.

Meine bisher erfolgreichsten Lead Magneten

Nachdem ich sicherlich bis heute über 20 Lead Magneten erstellt und somit viel geübt habe, sind meine erfolgreichsten

1. das E-Book »10 Fehler, die verhindern, dass Sie MEHR Kunden gewinnen« für Coaches mit einer Eintragungs-Quote von über 40 Prozent aus Anzeigenschaltung (das ist für kalten Traffic – also Menschen, die mich vorher nicht wirklich kennen, sehr gut). Schicke ich »warmen Traffic«, also beispielsweise meine E-Mail-Liste darauf, liegt die Eintragungs-Quote bei über 65%.

2. Mein kostenloser 7-Tage-E-Mail-Kurs für dein profitables Coaching-Business wurde seit Frühjahr 2019 bisher ganz ohne Anzeigenschaltung (rein über die Vermarktung in meiner Facebook-Gruppe, in meinem Kindle-Buch »Das perfekte Online-Marketing-Konzept für Coaches« und auf meiner Website) von über 1.000 Coaches durchlaufen.

3. Mein Webinar »Die beste Strategie, um ruck-zuck deinen Online-Kurs oder dein Online-Coaching zu erstellen und erfolgreich zu verkaufen« war dreimal mit der Teilnehmerzahl von 500 Coaches ausgebucht.

Perfekte Lead Magneten für Einsteiger

Vor allem für alle, die gerade erst in die Online-Coaching-Welt starten, ist das Webinar ein perfekter Lead Magnet. Ein Webinar funktioniert dabei wie ein Vortrag, den du vor Publikum hältst. Mit dem Unterschied, dass dieser Vortrag online stattfindet. Das Wort Webinar setzt sich zusammen aus Web (für Internet) und Seminar. Am Ende deines Webinars bietest du ein Erst- oder Strategiegespräch mit dir an oder den Kauf deines Online-Kurses. Für dein Webinar brauchst du eine Webinar-Software wie beispielsweise Zoom, GoToWebinar, Webinaris, WebinarJam oder auch Adobe Connect.

Beim Thema Webinar unterliegen viele dem Irrglauben, dass sie – bevor sie Webinare anbieten – eine E-Mail-Liste brauchen. Das Gegenteil ist der Fall. Mit Webinaren kannst du ganz wunderbar deine E-Mail-Liste aufbauen, wenn du von Anfang an transparent kommunizierst, dass die Teilnehmer zusätzlich in deinen E-Mail-Verteiler mit aufgenommen werden.

Das sieht dann beispielsweise so aus:

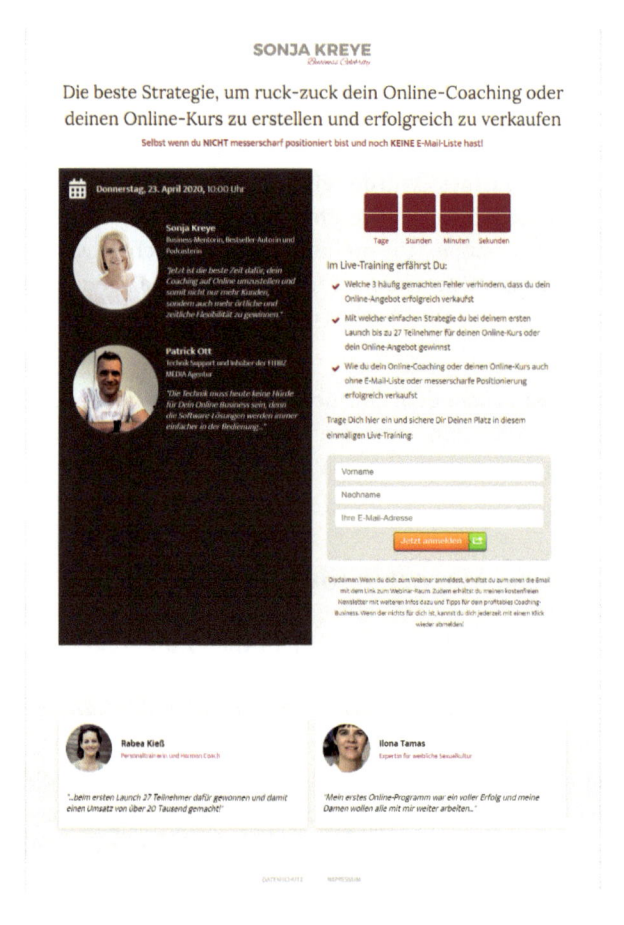

https://business-celebrity.com/lp/livetraining-beispielseite

Als Lead Magneten eignen sich zudem Checklisten, Spickzettel, ein Audio-Training, ein Video oder auch ein Quiz. Jedem der startet, rate ich jedoch zum Webinar. Mehr dazu findest du im Kapitel »Starter-Strategie«.

Denkfehler bei Lead Magneten

Einige denken, sie müssten gleich ein ganzes Buch schreiben für einen guten Lead Magneten. Das wäre jedoch viel zu umfangreich. Denke immer daran, dass auch Zeit ein knappes Gut ist und es dein Zielkunde zu schätzen weiß, wenn er sich nicht durch 200 Seiten Buch wühlen muss.

Auf der anderen Seite treffe ich immer wieder auf Lead Magneten, die es an jeglichem Wert fehlen lassen. Sie sind einfach eine Aufstellung von Informationen, ohne Zielrichtung und Zweck. Auch das funktioniert nicht. Denn der Lead Magnet sollte ein erstes Problem deines Zielkunden lösen. Das kann erstmal Aufklärung sein. Aber nur weil der Lead Magnet kostenlos ist, heißt das nicht, dass du dabei etwas zusammenflicken solltest. Der Lead Magnet ist nämlich der Punkt, an dem dein Zielkunde ggf. das erste Mal mit dir in Berührung kommt.

Um deinen perfekten Lead Magnet zu finden, darfst du dich fragen:

- In welcher Situation befindet sich dein perfekter Zielkunde bevor er oder sie kauft/bucht?
- Was hat dein perfekter Zielkunde für Sorgen, Ängste und Wünsche? Wo brennt ihm/ihr der Kittel?
- Welche Unterhaltung geht bereits in seinem/ihrem Kopf vor, in die du einsteigen kannst? Was sagt er/sie nach einer durchwachten Nacht am Morgen in gerädertem Zustand zu sich selbst? Was hält ihn/sie nachts wach?

- Welchen Wert wirst du als Gegenleistung für seine E-Mail-Adresse bieten?
- Wie kannst du ihm oder ihr die Angst, Zweifel, Befürchtungen oder das Risiko vor dem Kauf/der Buchung abnehmen?
- Wie kannst du ihm oder ihr zeigen, dass er oder sie nach der Zusammenarbeit mit dir einen Schritt näher an dem Punkt ist, wie er oder sie sich gerne fühlen würde?
- Wie kannst du die Erwartungen deiner Zielkunden übertreffen, bereits bevor er oder sie gekauft/gebucht hat?

Bezahlte Einsteiger-Angebote

Eine weitere Möglichkeit, um einen günstigen Einstieg zu dir und deinem Coaching zu ermöglichen, sind so genannte Tripwire-Angebote (bezahltes Einstiegsangebot). Tripwire steht dabei für »Stolperdraht« und will ausdrücken, dass ein Zielkunde über ein günstiges Angebot von dir »stolpert« und zugreift.

Tripwire Angebote können nach einem kostenlosen Lead Magneten folgen, aber auch separat für sich stehen, wenn du dafür sorgst, dass genügend Zielkunden dieses Angebot sehen (beispielsweise über Anzeigenschaltung). Im optimalen Fall sorgt das Tripwire dafür, dass du das Budget deiner Anzeigenschaltung damit refinanzierst.

Mein wirkungsvollstes Tripwire ist mein im Eigenverlag (als Kindle und Taschenbuch) veröffentlichter Amazon-Bestseller »Das perfekte Online-Marketing-Konzept für Coaches«. Über dieses Buch (das ich zum Einsteigerpreis für maximal 9,99 Euro anbiete), erreiche ich Coaches, die sich für Online-Marketing interessieren.

Zum Buch biete ich einen kostenlosen Online-Marketing-Starterplan an, was dafür sorgt, dass die meisten Leser sich gleichzeitig für mein E-Mail-Marketing registrieren (also in meiner E-Mail-Liste landen) und ich ihnen daraufhin weitere Angebote machen kann.

Dieses Einstiegsangebot hat also zwei Funktionen: Es gibt meinen Zielkunden die Möglichkeit, mich zu einem günstigen Preis kennenzulernen und gleichzeitig ermöglicht es mir Anzeigenschaltung auf Amazon, ohne dass ich dafür ein Budget aufbringen müsste. Denn ich nutze für das Anzeigenbudget ganz einfach die Tantiemen, die mir Amazon als Autor zahlt. Amazon zahlt bis zu 70 Prozent Tantiemen, was im Vergleich zur Veröffentlichung eines Buches im Verlag (3 bis 10 Prozent) sehr viel ist.

Wenn du mehr darüber erfahren willst, wie du mit einem auf Amazon selbst veröffentlichten Buch nicht nur die Kontaktdaten deiner Zielkunden (Leads), sondern darüber hinaus auch Coachees gewinnst, dann schau dir diese Fall-Studie an http://business-celebrity.com/kindlewebinarever

Wenn du die Kamera deines Smartphones über diesen QR-Code hältst, gelangst du auch direkt zur Fall-Studie:

Schritt 3: Verkauf

Wer ein profitables Online-Coaching-Business aufbauen will, muss in der Lage sein, die eigenen Online-Coaching-Angebote erfolgreich zu verkaufen. Gemeinsam mit meinen über 400 Kunden arbeite ich zwar bereits seit einigen Jahren hart daran, Coaching vom Nice-to-have zum Must-Have zu machen, dennoch müssen wir es immer noch in der Kategorie »Luxus-Gut« einordnen.

Alle Dienstleistungen in dieser Kategorie brauchen – vor allem am Start – den aktiven Verkauf. Viele Coaches wünschen sich, dass ihre Kunden von alleine auf sie zukommen und nach einer Zusammenarbeit anfragen. Diese passive Haltung führt jedoch in den meisten Fällen nur zum Fazit, dass ein Coaching-Business brotlose Kunst sei.

Verkaufen lieben lernen

Ohne jetzt irgendwelche wissenschaftliche Quellen dafür gewälzt zu haben, darf ich wohl behaupten, dass viele von uns ein gespaltenes Verhältnis zum Verkaufen und vor allem auch zu Geld haben.

Vielleicht lebt tief in dir das Glaubensmuster, dass Arbeit kein Spaß ist und dass du daher für deine aktuelle Coaching-Arbeit, die dir sehr viel Spaß macht, einfach kein Geld verlangen solltest.

Vielleicht hast du auch das Gefühl, dass du jemandem etwas wegnimmst, wenn du Geld für deine Leistung nimmst – glaubst also insgeheim, dass Geld begrenzt ist.

Oder du hast schon viele »Halsabschneider« und »Marktschreier« erlebt und schon negative Erfahrungen gemacht, so dass es einfacher für dich ist, das Thema »Verkaufen« generell in die Schmier-Ecke zu stellen. Das ist vor allem dann oftmals der Fall, wenn du aus der Unternehmenswelt kommst, in der Verkauf anders läuft als in der Verbraucherwelt.

Wir alle haben unterschiedliche Erfahrungen zu diesem Thema gemacht, weshalb es auch sehr schwierig ist, den schmalen Grad zu erwischen zwischen dem »Bieten von Mehrwert« – also dem Verkaufen auf authentische Art – und dem nervigen und sich immer wiederholenden Anpreisen der eigenen Dienstleistung.

Und dennoch: Wir alle müssen verkaufen, wenn wir als Unternehmer erfolgreich sein wollen und unser Business weiter betreiben wollen.

Oder besser gesagt: Wir alle WOLLEN verkaufen, aber natürlich auf eine angenehme Art. Und das ist absolut machbar.

Wie schaffst du es also, deine Liebe zum Verkaufen zu entdecken, bzw. dem Verkaufen die Leichtigkeit zurück zu geben?

Werde dir darüber klar, dass du einen Wert bietest. Deine Leistung bietet einen Wert, daher gibt es dein Online-Coaching-Business und daher gibt es auch eine Nachfrage dafür.

Eine Geschichte dazu aus meinem Business: Als ich mit meinem ersten Online-Kurs »Business Celebrity« gestartet bin, habe ich beim ersten Durchlauf einige wenige Multiplikatoren eingeladen, ohne Bezahlung mitzumachen.

Das Ergebnis: Diejenigen, die nicht für den Kurs bezahlt haben, haben nicht so gute Ergebnisse erzielt, wie diejenigen, die bezahlt haben. Wenn etwas nichts oder wenig kostet, ist es für uns auch weniger Wert. Ansonsten gäbe es auf dieser Welt keine Luxusartikel.

Wenn du Geld von jemandem nimmst, heißt das nicht, dass du ihm etwas weggenommen oder gar »gestohlen« hast. Du hast getauscht! Und zwar Wert gegen Geld! Und das ist völlig in Ordnung, das tun wir jeden Tag.

Die Summe an verfügbarem Geld wird ja nicht geringer. Geld wechselt nur den Besitzer. Es ist einfach nur ein Tauschmittel.

Zudem verkaufen wir alle etwas! Ja, auch Angestellte tauschen. Nämlich ihre Zeit gegen Geld. Bei Angestellten beschränkt sich die Verkaufsphase zwar auf die Zeit der Bewerbung und Vertragsverhandlung, aber das ist genau die gleiche Situation. Auch daran ist natürlich nichts unethisch oder un-spirituell. Unser gesamtes Wirtschaftssystem basiert auf dem Tauschprinzip.

Um authentisch zu verkaufen und ohne nervige »Kauf-Mich«-Botschaften, stellst du das »Warum« deines Business in den Vordergrund.

Biete deiner Zielgruppe Wert, zeige, dass dir das Wohl deiner Zielgruppe wirklich am Herzen liegt und verbinde dich auf emotionale Art mit ihr. Stelle aber dennoch unmissverständlich klar, dass du kein Wohlfahrtsverband bist.

Mir bricht es das Herz, wenn ich sehe, wie aktiv viele Coaches in den sozialen Netzen sind, sich um Communities bemühen und viel Hilfestellung für ihre Zielgruppe leisten, ohne ein konkretes Angebot dahinter stecken zu haben und den Mut damit etwas zu verdienen.

Natürlich sollst du nicht andauernd über alle Kanäle »Kauf-Mich« schreien. Ich empfehle dir die 80/20 Regel: 80 Prozent deiner Kommunikation bietet Mehrwert und enthält keine Verkaufs-Botschaften. 20 Prozent dürfen durchaus darauf hinweisen, dass es bei dir auch etwas zu kaufen gibt. Und zwar etwas, das für deine Zielgruppe attraktiv und wertvoll ist.

Nimm Kritik, die du ab und zu dafür einstecken wirst, dass du tatsächlich auch was verkaufen willst, nicht zu ernst. Gerade Menschen, von denen du kritisiert wirst, weil du mit dem Verkauf deiner Leistung jetzt dann doch »zu weit« gehst, sind oftmals diejenigen, die dein Angebot am meisten benötigen. Bei diesen Menschen triffst du sozusagen einen »wunden Punkt« und erinnerst sie daran, dass sie besser aktiv werden sollten, um die gewünschte Veränderung zu erzielen.

Ich erlebe das bei nahezu allen meinen »Verkaufsrunden«. Ein kleiner Prozentsatz meiner E-Mail-Abonnenten meldet sich dann ab, weil ich ihnen zu »verkäuferisch« bin. Das ist für mich ok. Ich kann und will es nicht Jedem recht machen. Ich biete mit meinen kostenlosen Vermarktungstipps gerne jedem aus meiner Zielgruppe einen Mehrwert. Und zwar unabhängig davon, ob er oder sie jemals etwas bei mir kauft.

Dennoch lasse ich mich nicht vom Verkaufen abhalten, um einige wenige in meinem E-Mail-Verteiler zu behalten, die wahrscheinlich eh nie kaufen würden. Das klingt nüchtern, das gebe ich zu. Aber gerade wenn es um das Verkaufen geht, wirst du es nie jedem Recht machen können.

Etwas zu verkaufen und Geld verdienen zu wollen, mit dem was man kann, ist schon immer in den Genen des Menschen verankert. Denke daran, dass der Mensch seit jeher Unternehmer ist oder glaubst du wirklich, dass es zu Zeiten als sich die ersten Märkte und Städte entwickelten schon Massen-Arbeitgeber gab? Zu verkaufen ist also weder un-ethisch noch un-spirituell.

Sobald ich erlebt hatte, dass Verkaufen Spaß macht und mein Mindset dahingehend geändert hatte, dass ich mit dem Verkaufen und dem Marketing einen Service biete, anstatt Menschen zu belästigen, hat sich für mich alles geändert.

Genau das wünsche ich mir auch für dich: Du darfst deinen Akquise-Prozess üben, immer weiter professionalisieren und gerne auch automatisieren. Dann wirst du auch immer mehr Spaß daran haben. Dein Angebot ist für deine Zielkunden nützlich. Es hilft weiter. Es gibt also keinen Grund, damit hinterm Berg zu halten.

Anstatt an deinem Angebot zu zweifeln, solltest du dir immer wieder die Metapher des »Laternen-Coachings« von Michael Neill (in seinem Buch »Supercoach«) ins Gedächtnis rufen. Es geht darin um die Tatsache, dass jeder Mensch sich besser fühlen würde, würde er jeden Abend nach der Arbeit zur nächstgelegenen Straßenlaterne laufen, um ihr von seinen Herausforderungen des Tages zu erzählen.

Allein dass du zuhörst ist also für viele Menschen schon ein enormer Wert. Du kannst allerdings noch viel mehr: Du kannst reagieren, antworten, herausfordern, fragen und vieles mehr. Erkenne also den Wert deines Coachings und biete es selbstbewusst an. Trau dich ein unbequemer Coach zu sein.

Zwei Wege, um Online-Coachings und Online-Kurse zu verkaufen

Beim Eintritt ins Online-Coaching-Business unterliegen viele Coaches dem Mythos, dass der Verkauf ihrer Angebote dann ab sofort rein über eine Salespage und den dazugehörigen Link abläuft. Kein Kontakt zum Zielkunden mehr notwendig.

Das ist jedoch nur bedingt der Fall, denn auch bei Online-Angeboten kommt es auf den Preis, bzw. das vorab verdiente Vertrauen an, ob deine Zielkunden annehmen.

Solange du noch keine größere Bekanntheit oder Reichweite aufgebaut hast, verkaufst du Online-Coachings zu einem höheren Preis (über 800 bis 1.000 Euro), daher am besten über persönliche Strategie- oder Erstgespräche. Dazu benötigst du am besten einen funktionsfähigen Online-Terminkalender wie Calendly oder Youcanbook.me, der es deinen Zielkunden leicht macht, sich für ein Gespräch bei dir einzubuchen.

Online-Kurse mit einem Preis unterhalb von 800 bis 1.000 Euro kannst du vom Start weg per Link auf einer überzeugenden Salespage verkaufen. Mehr zu den Technik-Tools findest du im Kapitel »Technik-Tools für den Verkauf«.

Schritt 4: Expertenstatus und Reichweite

Wer ein Online-Coaching-Business profitabel betreiben will, braucht zwei Dinge: Online-Sichtbarkeit (was zu Besuchern für deine Website führt) und Expertenstatus. Beides korrespondiert miteinander, denn ohne Sichtbarkeit kein Expertenstatus und ohne Inhalte (die den Expertenstatus letztlich bilden), keine Sichtbarkeit.

Ein Coaching-Business ist also immer auch ein Experten-Business. Denn um ein Coaching zu verkaufen, heißt es Vertrauen aufzubauen.

Wir vertrauen vor allem denjenigen, die wir gut kennen oder die zumindest sichtbar für uns sind. Das funktioniert bei Zahnpasta genauso wie beim Coaching. Wobei es beim Coaching nicht ausreicht, nur sichtbar zu sein. Du darfst darüber hinaus eine Beziehung zu deinem Zielkunden aufbauen, um von ihm oder ihr gebucht zu werden.

Wenn du dich jetzt fragst, ob du denn überhaupt Experte bist, gerade wenn du keinen Doktortitel hast, noch kein Buch geschrieben hast und auch in den Medien noch nicht bekannt bist, dann mach dir folgendes klar:

Niemand wird zum Experten ernannt

Jeder Experte da draußen hat sich selbst zu einem ebensolchen gemacht. Niemand kam vorbei und hat gesagt: »Das war so gut, jetzt bist du Experte«. Es gibt promovierte und honorierte Theoretiker, die dennoch nicht als Experte bezeichnet werden und Menschen wie mich ohne Promotion, die auch vor der Veröffentlichung des ersten Buches bereits Experten waren. Expertin oder Experte ist nur derjenige, der von der Zielgruppe auch als solche/r wahrgenommen wird.

Ein Expertenstatus hat dabei viele Vorteile. Du wirst weiterempfohlen, Zielkunden, Kollegen und Geschäftspartner wissen genau, wofür du stehst und bei welchen Themen du der beste Ansprechpartner bist. Es wird leichter die Medien dazu zu bringen, über dich zu berichten oder Vorträge anzufragen und irgendwann kommen solche Anfragen dann sogar von alleine auf dich zu. Expertenstatus sorgt dafür, dass dein Marketing leichter wird.

Wie du Expertenstatus aufbaust

Um deinen Expertenstatus aufzubauen, brauchst du deine unverwechselbare Positionierung, die wie im ersten Schritt beschrieben, vor allem auch auf deiner einzigartigen Persönlichkeit und Geschichte fußt (bitte versuche nicht als Coach eine Nische zu finden, die noch nicht besetzt wäre).

Als zweites brauchst du Content, also deine Inhalte und Themen. Expertenstatus baust du nämlich auf, wenn du regelmäßig zu deinem Thema veröffentlichst. Das kann in Form eines Podcast, in Form von Videos, Webinaren oder auch schriftlich geschehen, je nachdem, was dir am leichtesten fällt.

Als drittes ist dann noch Reichweite wichtig, die du über deine Themen aufbaust. Schließlich sollen deine Podcasts auch gehört, deine Videos gesehen und deine Blogbeiträge gelesen werden. Dazu kannst du die sozialen Medien nutzen (vor allem die, auf denen sich deine Zielkunden auch wirklich befinden) oder auch Anzeigen schalten, Kooperationen eingehen oder an Online-Kongressen teilnehmen.

Einige Zeit lang wurden Menschen wie ich, die immer dazu raten, regelmäßig Content zu produzieren, mehr oder weniger verlacht. Schließlich könne man ja auch Coaching verkaufen, ohne Podcast, Video oder Blog. Das ist grundsätzlich richtig.

Die Frage, die du dir dazu stellen darfst, ist: Gewinnst du ohne Content-Marketing genügend Kunden oder machst du es dir ohne Content-Marketing unnötig schwer? Content Marketing ist mit Aufwand verbunden, aber Content Marketing baut Vertrauen auf, so dass – wenn es am Ende um den Verkauf geht – gängige Abschlussquoten (sogenannte Conversion Raten) oftmals weit übertroffen werden.

Wenn ich beispielsweise ein Webinar veranstalte, um am Ende einen meiner Online-Kurse anzubieten, erreiche ich anstatt der üblichen 3 bis 5 Prozent oftmals Abschlussquoten von bis zu 20 Prozent. Durch Expertenstatus und Content Marketing wird verkaufen immer leichter.

4

Die wichtigsten Angebotsformen – Online-Kurse und Online-Coachings

Ich kann mich noch sehr genau erinnern, als ich meinen allerersten Online-Kurs mitgemacht habe. Es war das Jahr 2013 und ich steckte tief in meinem Kind- und Karriereknick. Nach vielen Jahren im internationalen Motorsport, in der Formel 1, für Porsche Motorsport und für viele weitere renommierte Firmen, hatte ich zwar schon länger die Schnauze voll von den vielen Stunden im Flieger. Dass mich mein erster Sohn, der 2012 geboren wurde jedoch in eine so tiefe Business-Krise stürzen würde, hatte ich wohl nicht ahnen können.

Sei's drum. Mein Sohn war mittlerweile halbtags in der Kinderkrippe und ich dabei, mich neu zu erfinden. Nur mit was? Ich wusste, ich wollte ein Business finden, bei dem mein Zeiteinsatz nicht mit meinem Wachstum korrelierte. Ich wollte zeitunabhängig wachsen können, denn wovon ich seit der Geburt meines Sohnes einfach viel zu wenig hatte, war Zeit.

Meine erste Idee war, ein Buch zu schreiben. Allerdings wusste ich damals nicht über was. In einem Seminar mit dem Titel »How to build your business online« zu dem mich eine befreundete Autorin schleppte, lernte ich durch eine amerikanische Coach, was in den USA im Online-Coaching-Markt abging.

Durch sie hörte ich von Marie Forleo, der wohl bekanntesten Life Coach in den USA, die ihre Millionen vor allem mit einem einzigen

Online-Kurs verdient hat, einem Online-Kurs namens Marie Forleo's B-School (für Business-School).

Was mir die amerikanische Coach über Marie Forleo erzählte, faszinierte mich und ich meldete mich kurze Zeit später zu meinem ersten Online-Kurs – eben der B-School – an. 1.500 Euro waren damals noch kein Pappenstiel für mich in der Weiterbildung.

Ich weiß noch genau, wie ich mich schließlich dazu entschloss, dieses Geld zu investieren und den Zugang zum Mitgliederbereich bekam. Um es kurz zu machen: es war – wie die Amerikaner sagen würden »life-changing«. Und das ist nicht übertrieben.

Dieser allererste Online-Kurs hat tatsächlich mein Leben verändert. Nicht weil die Inhalte darin so bahnbrechend innovativ gewesen wären (tatsächlich kenne ich heute inhaltlich gesehen weit bessere Kurse als die B-School). Es war zum einen die Form des Lernens, die genau zu meinem Lebensalltag passte. Ich konnte immer dann die Module bearbeiten, wenn ich die Zeit dazu hatte. In den ersten Wochen war das vor allem abends, nachdem mein Sohn im Bett war.

Zum anderen war das die Community der anderen »Studenten«, die sich in einer exklusiven Facebook-Gruppe immer wieder motivierte und austauschte. Ich nahm daran gar nicht oft aktiv teil, aber zu sehen, dass sich so viele weitere Menschen auf die Reise zu ihrem eigenen Business machten, war unglaublich motivierend.

Diesem einen Kurs folgten viele weitere. Viele davon mit sehr guten Inhalten, andere mit eher enttäuschenden. Dennoch: für fast zwei Jahre war ich nahezu süchtig nach Online-Kursen. Und auch heute noch ziehe ich einen guten Online-Kurs einem Präsenz-Seminar vor. Aber was ist ein Online-Kurs überhaupt?

Definition Online-Kurs und Online-Coaching

Ein Online-Kurs ist eine Zusammenstellung von Inhalten in Form von Video, Audio und/oder Text, die dem Teilnehmer den Weg von seinem Ausgangspunkt A zum gewünschten Zielpunkt B zeigt. Die Inhalte des Kurses werden dabei über das Internet übertragen. Soweit die Basis-Definition.

Es gibt für Online-Kurse viele Gestaltungsmöglichkeiten, daher sind die Übergänge von Online-Kursen hin zu Online-Coachings fließend.

Online-Kurse können

- Selbstlernkurse sein oder betreut angeboten werden – d. h. die Teilnehmer können völlig autonom durch den Lernprozess laufen oder beispielsweise durch wöchentliche Video- oder Telefonkonferenzen durch den Online-Kurs-Anbieter unterstützt werden oder für Fragen ein Forum nutzen (wie beispielsweise Facebook-Gruppen). Bei Online-Kursen findet diese Betreuung allerdings – im Unterschied zu Online-Coachings – immer in Gruppen statt.

- Synchron oder asynchron ablaufen – d. h. aus vorab fertigen Inhalten bestehen oder du lieferst die Inhalte beispielsweise in Form von Online-Meetings zu vorab festgelegten Zeiten live, so dass deine Teilnehmer alle Aufgaben, Übungen und Inhalte zeitgleich durchlaufen.

- alle Inhalte auf einmal ausliefern oder du schaltest die jeweiligen Module zeitversetzt und nacheinander frei, was sich vor allem für umfangreiche Kurse anbietet, um deine Teilnehmer nicht zu überfordern.

Ein Online-Coaching unterscheidet sich von einem Online-Kurs darin, dass es mit 1:1 Gesprächen (Sessions oder Sitzungen) angereichert ist und aus diesem Grund auch preislich höher liegt. Es ist mit dem Einzelcoaching in der Offline-Welt vergleichbar, wird jedoch ebenfalls durch Kurs-Materialien (Übungen, Arbeitsblättern, Tests, Tutorials etc.) unterstützt.

Dennoch kann auch ein Online-Coaching in der Gruppe stattfinden. Ein Beispiel hierfür wäre mein Coaching Business Mastery Jahres-Coaching, in dem ich bis zu 40 Coaches zeitgleich dabei helfe, ihr profitables Coaching-Business aufzubauen. Neben wöchentlichen Gruppen-Calls und den Inhalten, die in einem geschlossenen Mitgliederbereich zur Verfügung gestellt werden, haben die Teilnehmer pro Jahr vier persönliche 1:1 Sessions und können an sogenannten Umsetzungs-Tagen teilnehmen.

Vorteile von Online-Angeboten

Online-Angebote haben nicht nur für dich als Coach viele Vorteile, sondern auch für deine Zielkunden. Sofern sie nicht synchron ablaufen, haben Online-Kurse und Coachings sehr viel zeitlichen Spielraum und erlauben ein zeitlich und örtlich flexibles Lernen – immer dann, wenn es für deine Teilnehmer und Coachees passt.

Online-Kurse und Online-Coachings erlauben vielen Zielkunden die Zusammenarbeit mit einem Experten wie dir, die sie sich ggf. im 1:1 noch nicht hätten leisten können.

Deine Teilnehmer können die Inhalte aus Online-Kursen und Online-Coachings wieder und wieder bearbeiten und immer wieder nachsehen, wie bestimmte Dinge funktionieren bzw. an welchen Themen sie arbeiten müssen, um die gewünschte Veränderung zu erzielen. Bei Präsenzseminaren habe ich persönlich immer wieder die Erfahrung gemacht, dass ich während der zwei Tage vor Ort voll motiviert war und voller Umsetzungs-Ideen – davon dann meist aber nur wenige das Licht der Welt erblickten, ganz einfach, weil ich bei vielen nicht mehr genau wusste, wie das genau funktionierte.

Wenn der Kurs oder das Coaching gut gemacht sind, haben deine Teilnehmer zudem die Möglichkeit, eventuelle Fragen beispielsweise in einer Facebook-Gruppe oder in wiederkehrenden Online-Meetings (Fragen-und-Antworten-Calls) zu stellen. Gerade durch Facebook-Gruppen oder anderweitige Foren kannst du die Teilnehmer deiner Kurse und Coachings auch untereinander vernetzen, beispielsweise, damit sie Partnerschaften gründen können, um sich gemeinsam weiterzuentwickeln und zu unterstützen.

All diese Vorteile überwiegen für mich bei weitem die Nachteile von Online-Kursen, wie beispielsweise die geringere Eigenverantwortung. Gerade wenn du Kurse anbietest, deren Inhalte jederzeit verfügbar sind, haben viele Teilnehmer zwar fest vor, regelmäßig damit zu arbeiten, jedoch darüber hinaus wenig Druck das wirklich zu tun. Du als Anbieter kannst hier allerdings unterstützen, beispielsweise indem du nach dem Kurs-Start regelmäßig E-Mails mit Erinnerungen schickst.

Im Vergleich zu Präsenzseminaren fehlt bei Online-Kursen und Online-Coachings zudem natürlich das abendliche »An-der-Bar-versacken«, um auch hier gegebenenfalls geschäftliche Partnerschaften aufzubauen. Gerade bei einem Online-Gruppen-Coaching hast du jedoch die Möglichkeit, auch soziale Vernetzung in dein Angebot zu integrieren. Ich lade meine Teilnehmer im Coaching Business Mastery Jahres-Coaching einmal jährlich zu einem Präsenztermin ein, um sich eben auch einmal von Angesicht zu Angesicht zu treffen.

Warum Online-Angebote so wichtig sind für dein Coaching-Business

Deine Online-Angebote sind das Herzstück deines Online-Coaching-Business. Deshalb auch an dieser Stelle nochmals der Hinweis, dass

Online-Kurse und Online-Coachings kein vorübergehender Trend sind, der auf Grund von plötzlich auftretenden Pandemien Schub bekommen hat. Online-Coachings und Online-Kurse sind bereits seit einiger Zeit auf dem Vormarsch.

Das liegt daran, dass sich die Vorlieben unserer Gesellschaft, wenn es um Weiterbildung oder Persönlichkeitsentwicklung geht, stark verändert haben. Unser wichtigstes Gut ist mittlerweile die Zeit. Wir wollen möglichst schnell das verfügbar haben, was wir brauchen und darauf nicht ewig warten oder dafür erst viele Kilometer zurücklegen müssen.

Der Digitalverband Bitkom gibt bereits vor der Corona-Krise an, dass sich bereits mehr als die Hälfte der Internetnutzer mindestens einmal online fortbilde. Besonders in der Altersgruppe der 30- bis 49-jährigen steht dabei die berufliche Bildung im Vordergrund, wozu auch die Persönlichkeitsentwicklung zählt. Jüngere und Best-Ager nutzen e-Learning eher, um ihre Allgemeinbildung zu verbessern. Auffällig dabei ist, dass viele Menschen ihre so genannten »Totzeiten« wie beispielsweise Zugfahrten zur Arbeit als Zeitfenster fürs Lernen nutzen wollen und die mobilen Endgeräte genau dies ermöglichen.

Bitkom hat zudem im Mai 2020 durch repräsentative Umfragen festgestellt, dass aufgrund der Corona-Pandemie mehr als ein Viertel der Internetnutzer (26 Prozent) erstmals Online-Lernvideos geschaut hat, etwa auf YouTube oder Vimeo. Das reicht von digitaler Weiterbildung bis zu virtuellem Workout.

Gut jeder Fünfte (22 Prozent) hat seitdem zum ersten Mal an Online-Sportkursen teilgenommen. Und mehr als jeder Sechste (17 Prozent) gibt an, dass er mit Beginn der Pandemie erstmals Online-Seminare zur privaten Weiterbildung besucht hat.

Es gilt als unumstritten, dass diese Erfahrungen das Nutzerverhalten langfristig prägen werden. Alle jene, die bereits vor der Pandemie einschlägige Erfahrungen mit Online-Lernangeboten gemacht haben, waren zudem noch aktiver unterwegs.

Fast jeder Fünfte (19 Prozent) schaut nun vermehrt Lernvideos, Online-Seminare zur privaten Weiterbildung werden von 16 Prozent häufiger besucht und 15 Prozent geben dies für Online-Sportkurse an. (*Quelle: https://www.bitkom.org/Presse/Presseinformation/ Seit-Corona-Ausbruch-Online-Dienste-gefragt-wie-nie*)

Typologie von Online-Kursen und Online-Coachings

Nach der Arbeit mit über 400 Coaches und vielen darin entwickelten Online-Kursen und Online-Coachings macht meines Erachtens nach die Unterteilung in 5 Kategorien bzw. Stufen Sinn. Betreuungsintensität, Spezifität und Preis steigen von links nach rechts hin an.

	Selbstlernkurs	Starter-Kurse bzw. Kurse zu einer spezifischen Fähigkeit (inkl. Gruppenbetreuung)	Programm-Kurs (inkl. Gruppenbetreuung)	Gruppen-Online-Coachings (inkl. Gruppenbetreuung und 1:1 Sessions)	Online-Coaching 1:1
Preis-Range	19 bis 149 Euro	199 bis 549 Euro	599 bis 2.000 Euro	2.100 bis 5.000 Euro	je nach Dauer zwischen 1.000 und 15.000 Euro (nach oben sind wenig Grenzen gesetzt)
Beste Verkaufsmethoden	automatisiertes Webinar, automatisierte Funnel, Kindle-Bücher	Webinar	Webinar, 3-teilige Videotrainingsserie	Erstgespräch (zuvor bspw. Showcase-Funnel, Webinar, E-Mail-Aktion, Buch-Funnel)	Webinar und Erstgespräch, Showcase-Funnel und Erstgespräch, E-Mail-Aktion
Vorteile	geeignet, um viele Kunden zum kleinen Preis zu gewinnen und danach höherpreisiges Angebot zu machen	für alle, die gerade ins Online-Business starten gut geeignet, kann auch alleine stehend guten Profit abwerfen, gut geeignet um Zielkunden einen einfachen Zugang zum Coach zu ermöglichen	entspricht dem ganzheitlichen Anspruch vieler Coaches	entstehen meist aus den Systemkursen - die höheren Preise können genommen werden, weil mehr Bekanntheit und Reichweite da ist	nur wenige Kunden pro Monat benötigt, um profitabel zu sein
Nachteile	kann nicht allein stehen, da nicht profitabel, Traffic muss bezahlt werden, braucht Upsell (höherwertiges Angebot), keine Strategie für Anfänger, weil Automation Kenntnisse braucht fortgeschrittene	wird zum Start persönlich vermarktet werden (bspw. über Webinar), mit der Zeit Automation möglich	wird zum Start persönlich vermarktet werden (bspw. über Webinar), mit der Zeit Automation möglich, je höher Preis in der Range umso mehr Reichweite oder umso eher ist das Erstgespräch nötig	braucht bei Startern das Erstgespräch vorab, per Link funktioniert nur mit sehr großer Reichweite	braucht immer das Erstgespräch vorab
Beispiele	Erstgespräche, die verkaufen	So klappt's mit dem Traumjob	Online-Kurs-DNA	Coaching Business Mastery	unterschiedlichste 1:1 Online-Coachings, Business Celebrity Breakthrough Coaching

Stufe 1: Selbstlernkurs

Der Selbstlernkurs zeichnet sich dadurch aus, dass er jederzeit verfügbar ist und keinerlei Betreuung durch den Anbieter beinhaltet. Teilnehmer durchlaufen den Kurs individuell auf sich alleine gestellt.

Vorteil dieser Kursart für den Teilnehmer ist, dass er völlig unabhängig und in eigenem Tempo die Inhalte bearbeiten kann und dafür einen meist geringen Preis zahlt. Selbstlernkurse befinden sich typischerweise in einer Preisspanne zwischen 19 und 149 Euro.

Für den Anbieter hat dieser Kurstyp den Vorteil, dass er zu »passivem Einkommen« führt. Einmal erstellt, besteht die weitere Leistung des Anbieters also eher in der Vermarktung als in der Betreuung der Teilnehmer. Allerdings kann dieser Kurstyp in den meisten Fällen nicht alleine stehen, um profitabel zu sein. Vor allem dann nicht, wenn du ihn am unteren Ende der Preisspanne anbietest. Dennoch macht dieser Kurstyp Sinn für Coaches, denn er ist nach dem kostenlosen Lead Magneten ein hervorragendes bezahltes Einstiegsangebot und eine ebenso hervorragende Qualifizierung deiner Zielkunden für dein höherpreisiges Online-Coaching.

Stufe 2: Starterkurs inklusive Gruppen-Betreuung

Starterkurse können inhaltlich den Selbstlernkursen entsprechen, beinhalten jedoch Gruppen-Betreuungs-Elemente. Der Starterkurs ist dabei wie der Ausgangspunkt, von dem aus du deinen Teilnehmern zum ersten Schritt in dein Themengebiet verhilfst. Dein Kurs vermittelt deinen Teilnehmern dabei gerade so viel Inhalt wie sie brauchen, um sie ins Handeln zu bringen und erste kleine, aber wertvolle Ergebnisse zu erzielen.

Dieser Kurs-Typ gibt zudem einen guten Überblick darüber, was zur Erreichung des Oberziels darüber hinaus noch alles möglich ist und somit auch ein gutes Sprungbrett für eine längerfristige persönliche

Online-Coaching-Zusammenarbeit oder den Aufstieg in deinen Programm-Kurs oder dein Online-Gruppen-Coaching.

Vorteil dieses Kurs-Typs ist, dass er mit einer Preisspanne zwischen 199 und 599 Euro auch alleine stehen kann, um profitabel zu sein.

Stufe 3: Programm-Kurse inklusive Betreuung

Während Selbstlern- und Starterkurse immer nur einen Ausschnitt deines Programms beinhalten, behandelt der Programm-Kurs alle deine Programm-Schritte. Dein Programm besteht dabei also aus allen notwendigen Schritten, um das zu erreichen, was du mit deinem Coaching versprichst. Beispielsweise bist du Karriere-Coach und hilfst deinen Kunden dabei, ihre Traumkarriere zu verwirklichen.

Ein guter Starter- oder Selbstlernkurs wäre für dich beispielsweise ein Kurs, der zeigt, wie deine Teilnehmer sich erfolgreich auf ihre erste Führungsposition bewerben.

Dein Programm-Kurs hingegen würde alle Schritte enthalten, die es braucht, um die eigene Traumkarriere zu verwirklichen und somit das Oberziel zu erreichen. Von der Analyse der eigenen Stärken und Wünsche, über das Finden der geeigneten Stellen bis hin zu Bewerbung, Vorstellungsgespräch und Gehaltsverhandlung.

Der Programm-Kurs ist also sehr detailliert und hat die komplette Transformation zum Ziel. Er behandelt dabei alle, anstatt nur ganz spezifische Bereiche deiner Expertise.

In der Kurs-Form (also ohne 1:1 Betreuung) können die Preise hier in etwa zwischen 599 und 2.000 Euro liegen. Je nach Preislage kannst du diesen Typ mit oder ohne Erstgespräch verkaufen.

Stufe 4: Online Coachings in der Gruppe

Angereichert mit 1:1 Coaching-Sitzungen kann aus dem Programm-Kurs ganz leicht ein Online-Gruppen-Coaching werden. Mein Coaching Business Mastery Jahres-Coaching ist beispielsweise ein solches Online-Gruppen-Coaching.

Dahinter steckt mein Programm-Kurs »Coaching Business Mastery« mit dem Ziel des Aufbaus eines profitablen Online-Coaching-Business und darin behandeln wir alle notwendigen Schritte, von der Positionierung über Angebote, Erstgespräche, Website und E-Mail-Marketing, Bekanntheitssteigerung, Expertenstatus-Aufbau, Verkaufsfunnel und Social-Media-Kanäle für ein profitables Coaching-Business, das dir nicht nur persönlich, sondern vor allem auch finanziell Spaß macht.

Preislich gesehen, liegen Online-Coachings meist zwischen 2.000 und 5.000 Euro. Es gibt jedoch auch Online-Gruppen-Coachings (wie beispielsweise Masterminds), die weit darüber liegen (bis zu 30.000 Euro pro Person und Jahr). In den meisten Fällen sind solche High-End-Gruppen-Coachings allerdings im Online-Marketing oder Online-Business-Bereich zu finden, weniger in den klassischen Coaching-Nischen.

Auf Grund des Preises verkaufst du diese Art von Angebot über das Erstgespräch. Oftmals werden hier auch externe Verkäufer eingesetzt, die speziell auf den Verkauf von Hochpreis-Coachings geschult sind.

Stufe 5: Online-Coachings 1:1

In dieser Form sind Online-Coachings wohl die persönlichste Art der Online-Zusammenarbeit mit deinen Kunden. Im Unterschied zu den andern Angebots-Typen besteht es im Kern vor allem aus den 1:1 Sessions mit dir und ist somit mit dem Einzelcoaching in der Offline-Welt vergleichbar.

Leichter zu verkaufen wird es allerdings erst, wenn es – genau wie Online-Kurse – mit entsprechenden Inhalten und Kurs-Materialien (Übungen, Arbeitsblättern, Tests, Tutorials etc.) hinterlegt wird.

Vielen Coaches fällt es nämlich schwer, Coaching – egal ob offline oder online – erfolgreich zu verkaufen, wenn es rein als Hilfe zur Selbsthilfe verpackt wird. Im Vergleich zur Beratung, die oftmals leichter zu verkaufen ist, fehlen in diesem Falle das Nutzenversprechen und das erreichbare Ergebnis.

Egal ob offline oder online: es wird wesentlich leichter, Coaching zu verkaufen, wenn ein Programm (also ein grob skizzierter Weg zum Ziel) und die dazugehörigen Inhalte dahinterstecken, ein klares Nutzenversprechen gegeben, sowie ein Ergebnis bzw. eine Transformation in Aussicht gestellt werden. Menschen kaufen nämlich immer nur Ergebnisse, keine Methoden.

Der größte Vorteil deines 1:1 Online-Coachings ist ganz klar, dass du mit einer Preisspanne zwischen 1.500 und 15.000 Euro (pro Halbjahr) weniger Kunden brauchst, um ein profitables Business zu betreiben.

Nachdem ich beim ersten Verkaufsstart meines ersten Online-Kurses Business Celebrity gerade einmal 4 Teilnehmer gewonnen hatte (was aus heutiger Sicht gar nicht schlecht ist), hatte ich schnell Zweifel, ob ich so ein profitables Business aufbauen konnte. Noch aus der Old-Economy stammend und ohne Erfahrung mit Skaleneffekten und Reichweitenvergrößerung, konnte ich mir einfach nicht vorstellen, wie ich es schaffen sollte, jemals mehr als 20 Teilnehmer dafür zu gewinnen. Heute sind zeitgleich oftmals über 150 Teilnehmer in meinen Kursen.

Mein Credo lautet jedoch, dass es immer eine Lösung gibt, und in einer der damals zahlreichen schlaflosen Nächte fiel sie mir ein. Ich machte aus meinem Online-Kurs ein Online-Coaching, reicherte es mit persönlichen Online-Sessions an und erhöhte den Preis mit dem Multiplikator 5.

Ich hatte mir in der Zwischenzeit durch regelmäßige Webinare eine kleine E-Mail-Liste von ca. 400 Personen aufgebaut. Diesen Menschen bot ich dieses Online-Coaching an. Und siehe da: Innerhalb von nur einer Woche und mit nur einer E-Mail hatte ich meine ersten beiden Kunden für meine »Breakthrough Online-Coachings«, die mir 900 Euro im Monat über ein halbes Jahr für zwei anderthalbstündige Telefon-Sessions zahlten und mit dem Online-Coaching hervorragende Ergebnisse erzielten. Innerhalb von zwei weiteren Wochen hatte ich die nächsten drei. Zeitweise habe ich sogar eine Warteliste geführt und den Preis erhöht – auf 8.500 Euro pro Halbjahr bzw. 15.000 Euro pro Jahr. Die Nachfrage bestimmt schließlich das Angebot. Heute biete ich dieses 1:1 Online-Coaching gar nicht mehr an, da mir die Arbeit in Gruppen am meisten Spaß macht.

Wie ein Online-Coaching nachhaltig wird

Der Erfolg meines ersten Online-Coachings (eben diesem Business Celebrity Breakthrough Coaching) lag nicht zuletzt daran, dass dahinter die Inhalte meines Online-Kurses standen und die Teilnehmer somit zwischen den persönlichen 1:1 Sessions einiges zu tun hatten (sowohl faktisch als auch durch Reflexion).

Drei Dinge sind nämlich wichtig, um Online-Coaching nachhaltig zu machen:

1. Du darfst deine Teilnehmer verbindlich dazu anhalten an der gewünschten Veränderung zu arbeiten. Und zwar vor allem auch dann, wenn es mal schwierig wird. Als Coach weißt du, dass Menschen sich ungern verändern, weil das in den meisten Fällen unangenehm und schwierig ist. Indem du dein Online-Coaching mit Übungen, Arbeitsblättern, Reflexionen und weiteren Aufgaben »anreicherst«, hältst du deine Coachees beschäftigt und motiviert, sich mit ihrer gewünschten Veränderung auseinanderzusetzen.

2. Du darfst deinen Teilnehmern ihre eigene Weiterentwicklung aufzeigen und Erfolge feiern. Wir Menschen vergessen nämlich schnell. Hatten wir gerade noch einen Durchbruch und wir sind voll motiviert, stürzt uns zwei Wochen später ein unvorhergesehenes Ereignis oder ein Rückschlag wieder in ein Tief. Damit deine Coachees den Wert deines Coachings jederzeit vor Augen haben, darfst du die Entwicklungsschritte dokumentieren und aufzeigen.

3. Du darfst deine Coachees durch Tiefs und Rückschläge führen. An dieser Stelle wird klar, wie wichtig es ist, gerade bei Online-Coachings immer einen längerfristigen Zeitraum für die Zusammenarbeit zu vereinbaren. Veränderung braucht Zeit. Eine meiner Teilnehmerinnen im Jahrescoaching, die heute erfolgreich Online-Kurse und Online-Coachings verkauft, meinte ganz treffend mal zu mir: »Wenn ich mich nicht für ein Jahr verpflichtet und für ein Jahr bezahlt hätte, hätte ich wohl zwischenzeitlich aufgegeben.« Es ist normal, dass wir Rückschläge erleben. Du als Coach darfst deinen Coachees durch diese Tiefs hindurch helfen und durch die langfristige Zusammenarbeit sicherstellen, dass dein Coachee trotz Tief weiter macht.

Welches Online-Angebot für welche Coaching-Nischen?

Online-Kurse und Online-Coachings gibt es mittlerweile in so gut wie allen Coaching-Nischen. Im Anhang findest du zahlreiche Beispiele meiner Kunden aus unterschiedlichen Nischen für deine Inspiration.

5

Technik-Komponenten deines Online-Coaching Business

Damit du die Funktionsweise deines Online-Coaching-Business und deiner Kundengewinnung online genau nachvollziehen kannst, legen wir in diesem Kapitel die Technik-Grundlagen indem du alle notwendigen Technik-Komponenten kennen lernst.

Im Grunde genommen läuft der Prozess von der Kundengewinnung bis zur Coaching- oder Kurs-Durchführung immer gleich ab, egal für welche Kundengewinnungs-Maßnahme du dich entscheidest.

Dieser Prozess sieht grafisch gesehen so aus:

Online-Coaching-Business
MASTERFUNNEL

INTERESSENTEN	STARTPUNKT	VERTRAUEN	CONVERSION	DURCHFÜHRUNG
ANSPRACHE BEZAHLT (Anzeigen) ANSPRACHE UNBEZAHLT (Social Media, Interviews) KOOPERATIONEN	ANMELDESEITE FÜR LEAD MAGNET (Webinar, Checkliste, Video-Training, Challenge)	DURCH WEBINAR, E-MAIL-SERIE, VIDEO-TRAINING, CHALLENGE	ÜBER ERSTGESPRÄCH VERKAUFSLINK	COACHING ONLINE-KURS
ANZEIGENMANAGER z.B. Von Google, Facebook, Pinterest, LinkedIn etc.	LANDING PAGE E-MAIL-MARKETING	WEBINAR-PLATTFORM LANDING PAGES E-MAIL-MARKETING	SALES PAGES BEZAHLANBIETER ONLINE-KALENDER	COACHING PLATTFORM E-MAIL-MARKETING

Ein Zielkunde (Interessent) wird auf dich aufmerksam, hört von dir oder sieht dich online oder du sprichst ihn durch eine Anzeige an. Dieser Zielkunde meldet sich nun als nächstes für einen Lead Magneten bei dir an (Startpunkt). Diese Anmeldung machst du über eine Landingpage und dein E-Mail-Marketing möglich.

Der Lead Magnet kann – wie bereits besprochen – ein Webinar, eine Checkliste, ein Videotraining oder beispielsweise ein Showcase sein. Durch die Anmeldung auf deiner Landingpage landen die Kontaktdaten deines Interessenten in deinem E-Mail-Verteiler.

Wenn das geschehen ist, ist es wichtig, so viel Vertrauen zu deinem neuen Lead (Kontakt) aufzubauen, dass die Wahrscheinlichkeit, dass er dich bucht oder bei dir kauft, so hoch wie möglich ist. Das erzielst du durch die Durchführung bzw. Auslieferung deines Lead Magneten. Also die Durchführung deines Webinars oder die Auslieferung deiner E-Mail-Serie, deiner Challenge oder deines Video-Trainings. Technisch gesehen brauchst du dafür eine Webinar-Plattform, wenn du denn ein Webinar machst, weitere Landingpages (um beispielsweise dein Videotraining darauf auszuliefern) und E-Mail-Marketing.

Am Ende deines Vertrauensaufbaus kommt dann das Angebot zum Kauf per Link oder zur Vereinbarung eines Erst- oder Strategie-Gesprächs. Um per Link zu verkaufen, brauchst du eine überzeugende Salespage (also wieder eine Landingpage) und einen Zahlungsanbieter. Wenn du über das Erstgespräch verkaufst, brauchst du einen Online-Terminkalender. Zudem kommt auch hier wieder E-Mail-Marketing ins Spiel, denn oftmals ist es sinnvoll, deine Zielkunden an den Kauf oder die Vereinbarung ihres Erstgesprächs zu erinnern.

Nach dem Kauf erfolgt dann die Durchführung deines Kurses oder Coachings über die entsprechende Coaching-Plattform. Auch hier erfolgt die Kommunikation über E-Mail-Marketing.

Zentraler Erfolgsfaktor: E-Mail-Marketing

Ich kann es gar nicht oft genug betonen: E-Mail-Marketing ist der wichtigste und somit zentrale Erfolgsfaktor eines Online-Coaching-Businesses. Auch wenn viele Menschen mittlerweile über Messenger-

Dienste kommunizieren: die Vorteile des E-Mail-Marketings sind unbestritten.

Du kannst darüber:

- immer wieder mit den Menschen in deinem Verteiler kommunizieren, denn diese haben dir zuvor ihr Einverständnis dafür gegeben und durch die Anmeldung gezeigt, dass sie sich für dein Thema interessieren
- das Vertrauen zu diesen Menschen immer weiter vertiefen, weil du beispielsweise interessante Blog-Artikel, Podcasts oder Videos lieferst

Stell dir vor, welchen Unterschied es macht, wenn du auch nur einmal im Monat 50 Zielkunden über deine Angebote und deren Vorteile informieren kannst. Wie könnten deine Verkaufszahlen aussehen, wenn aus den 50 100 geworden sind oder sogar 1.000? Natürlich gewinnst du nicht über Nacht 1.000 Interessenten für deinen E-Mail-Verteiler, aber mit Kontinuität kannst du dir innerhalb weniger Monate eine solide Basis aufbauen, die dir die Sicherheit gibt, jederzeit neue Kunden gewinnen zu können. Immer dann, wenn du es willst.

Mit E-Mail-Marketing kannst du sogar noch einen Schritt darüber hinaus gehen. Du kannst genau entscheiden, welche Marketing-Maßnahmen für dein Business richtig und sinnvoll sind. Ich mache heute nur noch Marketingmaßnahmen, die mir neue Abonnenten für mein E-Mail-Marketing bringen.

So schön ein gut geschriebener Artikel in der Tages- oder Fachzeitung auch ist: mehr als ein gestreicheltes Ego kommt dabei meist nicht heraus. Neue Kunden schon gar nicht und der Werbe-Effekt verpufft schnell. Mit neuen Leads hingegen hast du immer wieder die Möglichkeit, Angebote zu unterbreiten, Mehrwert zu liefern und mehr über deine Zielkunden herauszufinden, um deine Angebote zu verbessern.

Ein eigener E-Mail-Verteiler ist die Zielsetzung für alle deine Marketing-Maßnahmen in deinem Business. Nach dieser Lobeshymne auf das E-Mail-Marketing stellt sich nun für dich sicher die Frage: »Kann ich überhaupt meine Online-Coachings und Online-Kurse verkaufen, wenn ich noch keinen E-Mail-Verteiler habe?«

Nachdem du die zahlreichen Vorzüge von E-Mail-Marketing kennen gelernt hast, liegt diese Frage nahe. Lass dir gesagt sein: Niemand startet mit Tausenden Kontakten in seinem E-Mail-Verteiler. Wenn du gerade noch keine E-Mail-Liste hast, dann ist die Verkaufsstrategie für Starter in Kapitel 8 genau das Richtige für dich, um deine E-Mail-Liste aufzubauen und gleichzeitig zu verkaufen.

Erfolgsfaktor Landingpages

Ein weiterer enorm wichtiger Faktor für dein erfolgreiches Online-Coaching-Business sind Landingpages.

Landingpages sind »Unterseiten« deiner Website, die eine einzige ganz konkrete Zielsetzung haben. Im Falle einer Anmelde-Seite für dein Webinar wäre das Ziel, dass sich die Besucher für das Webinar anmelden. Im Falle einer Salespage für deinen Online-Kurs wäre das Ziel, dass die Besucher kaufen.

Es gibt daher auf solchen Landingpages keine Ablenkung. Landingpages sind ganz klar strukturiert, haben (außer wenn du auf Google werben willst) keine Navigation oder sonstige Ablenkungen. Der Besucher kann entweder die Handlung ausführen, die du beabsichtigt hast (also sich anmelden oder kaufen) oder die Seite verlassen. Die einzigen weiteren Links auf diesen Seiten sind die rechtlich vorgeschriebenen Links zu Impressum und Datenschutzerklärung.

Damit du dir ein besseres Bild von solchen Landingpages machen kannst, einige Beispiele von meinen Kunden und mir auf den nachfolgenden Seiten.

Anmelde-Seite für ein Videotraining (automatisiertes Webinar) von MBSR-Coach Michael Seibt:

https://www.mbsr-coaching-tuebingen.de/lp/morgens-gerne-aufstehen

Anmeldeseite Kostenloses 5-Tage-Training für mehr Gelassenheit von Life Coach für Frauen Bettina Bergmann (Lead Magnet):

https://bettina-bergmann.lpages.co/5-tage-training/

Anmeldeseite für ein kostenloses E-Book von Erfolgs-Coach Petra Paegelow:

https://petrapaegelow.de/5-tools/

Weitere gut funktionierende Anmeldeseiten:

- 7-Tage-E-Mail-Kurs für Führungskräfte von Führungskräfte Coach Simone Olbert: *https://simoneolbert.com/lp/kostenfrei*
- 7-Tage-E-Mail-Kurs für dein profitables Coaching-Business von mir: *https://business-celebrity.com/7tage*
- E-Book »5 einfache Schritte zu mehr Lebensfreude« von Life Coach Christa Daschner: *https://christadaschner.com/ebook-lebensfreude*
- 7-Tage-E-Mail-Kurs »Mach dein Leben zu deiner persönlichen Erfolgsgeschichte« von Life Coach Pierina Steiner: *https://speedflow.ch/lp/7-tage-erfolgsgeschichte*
- E-Book »Self Coaching – wenn dir alles zu viel wird« von Resilienz-Coach Tatjana Brünjes: *https://www.tatjanabruenjes.com/resilienz-coaching*
- E-Book »5 Tipps, wie du nein sagst, ohne zu vergraulen« von Life Coach Melanie Konrad: *https://www.melaniekonrad.de/5-tipps*
- E-Book »7 größte Mindest-Fehler, die deinen Erfolg verhindern« von Performance-Mindset-Coach Lutz Schmidt: *https://performance-mindset.de/lp/ebook-7-fehler*
- Roadmap zum Traumjob von Karriere-Coach Romy Winter: *https://romywinter.de*

Erfolgsfaktor Zahlungsabwickler

Insbesondere wenn es dein Ziel ist Online-Kurse zu verkaufen, empfehle ich dir für die Abwicklung der Zahlung einen Zahlungsabwickler zu nutzen.

Der Zahlungsabwickler steht dabei als Wiederverkäufer zwischen dir als Kursersteller und deinem Kunden. Rechtlich gesehen bedeutet das, dass der Zahlungsabwickler deinen Kurs, den du auf seiner Plattform einstellst, kauft und unter seinem eigenen Namen und auf eigene Rechnung weiterverkauft (Reseller-Prinzip).

Wenn du einen Zahlungsabwickler nutzt, trittst also nicht Du selbst als Verkäufer auf (obwohl Du den Kurs erstellt hast). Das heißt: Für die korrekte Zahlungsabwicklung und Rechnungslegung ist der Zahlungsabwickler verantwortlich und nicht du. Auch für Probleme im Zahlungsprozess, für Rückbuchungen, Steuerberechnungen (unterschiedliche Steuersätze bei ausländischen Kunden) oder Zahlungserinnerungen, sowie Sicherheit und Verschlüsselung von sensiblen Kundendaten ist der Zahlungsabwickler verantwortlich. Zudem bietet der Zahlungsabwickler verschiedene Zahlungsarten an wie Kreditkarte, PayPal, Lastschrift, Sofortüberweisung oder Vorkasse/Rechnung.

Für all diese Leistungen erhält der Zahlungsabwickler eine Provision, die nur dann anfällt, wenn erfolgreich verkauft wurde.

Einen Zahlungsabwickler brauchst du also vor allem dann, wenn du Online-Kurse anbietest und dafür sowohl die Einmalzahlung als auch die Ratenzahlung ermöglichen willst. Dann solltest du auf gar keinen Fall darauf verzichten, denn das Anbieten unterschiedlicher Bezahlmethoden erhöht deine Verkaufszahlen.

Zudem ist es einfach ein erleichterndes Gefühl, anstatt vieler kleiner Rechnungen in der eigenen Buchhaltung eine einzige monatliche Gutschrift des Zahlungsabwicklers in die Buchhaltung zu geben.

Wenn es dein Ziel ist Online-Coachings für einen höheren Preis zu verkaufen, kannst du natürlich auch selbst die Rechnungsstellung übernehmen.

Der Zahlungsabwickler kann mit deinem E-Mail-Marketing und mit deiner Coaching- oder Kurs-Plattform interagieren, so dass möglichst viele Prozesse (z. B. der Zugang zu deinem Online-Kurs nach dem Kauf) völlig automatisiert ablaufen.

Erfolgsfaktor Online-Coaching oder Online-Kurs-Plattform

Deine Online-Coaching oder Online-Kurs-Plattform ist schließlich der Ort, an dem du deinen Online-Kurs oder dein Online-Coaching auslieferst. Deine Kunden erhalten von der Plattform nach erfolgter Zahlung einen Nutzernamen und ein Passwort, damit sie sich auf deiner Plattform einloggen können. Welche Plattformen sich für dich anbieten, erfährst du im nächsten Kapitel.

Online-Kalender

Wenn du höherpreisige Online-Angebote über das Erstgespräch verkaufst, empfiehlt es sich zudem, einen Online-Terminkalender zu nutzen. Alle Maßnahmen, die du unternimmst, um Erstgespräche zu gewinnen, zielen darauf ab, gleich eine ganze Menge davon zu vereinbaren, so dass du bei manueller Terminvereinbarung leicht durcheinanderkommen kannst. Mit einem Online-Terminkalender ist die Buchung, das Absagen und das Verlegen eines Erstgesprächs sowohl für dich als auch für deinen Gesprächspartner super einfach.

Technik-Tools für die Durchführung von Online-Coachings und Online-Kursen (Plattformen)

Es gibt mittlerweile zahlreiche Coaching- bzw. Kurs-Plattformen, die dir das Leben als Online Coach erheblich erleichtern, und es werden immer mehr. Für mich ein weiteres ganz klares Zeichen, dass Online-Kurse und Online-Coachings kein Nischendasein mehr fristen, sondern der Markt erkannt hat, dass sie die Zukunft sind.

Anbei möchte ich dir die wichtigsten Tools vorstellen, die ich in meinem Coaching-Business nutze und dir gleichzeitig auch Alternativen zeigen, um dir einen Marktüberblick zu geben. Dabei beschränke ich mich auf die Lösungen, die sich meiner Erfahrung nach für dich als Coach eignen.

Nicht alle Coaching- oder Kurs-Plattformen habe ich dabei selbst im Einsatz und muss mich daher gerade bei denen, die ich nicht selbst nutze, auf die Eigenangaben zur Funktionalität verlassen. Sollte also etwas bei einer der Plattformen mal nicht so funktionieren, wie beschrieben, übernehme ich keine Haftung dafür.

Wann brauchst du eine Coaching- bzw. Kurs-Plattform?

Coaching- oder Kurs-Plattformen helfen dir, deine Coaching- oder Kursinhalte (wie beispielsweise Videos, Audios, Texte, Arbeitsblätter etc.) sicher und automatisiert an deine Coachees auszuliefern.

Deine Inhalte werden durch die Verknüpfung zu einem Online-Zahlungsvorgang (durch Verknüpfung mit dem Zahlungsabwickler) vor nicht autorisiertem Zugriff geschützt. Nur Coachees, die diesen Zahlvorgang durchlaufen haben, erhalten Zugriff auf deine Inhalte. Deine Coachees können die Inhalte so bearbeiten, wie du es vorgibst. Du hast dabei die Möglichkeit, alle Inhalte auf einmal oder bestimmte Inhalte zeitversetzt frei zu geben.

Wichtig: In Coaching- oder Kurs-Plattformen gibt es in den meisten Fällen keine Möglichkeit, Inhalte live auszuliefern oder live zu interagieren. Wenn du einen Online-Kurs oder ein Online-Coaching also live und zu bestimmten festgelegten Terminen durchführen wolltest, müsstest du dazu ein zusätzliches Webinar-Tool oder Online-Meeting-Tool verwenden.

Die Aufzeichnung dieser Webinare oder Online-Meetings kannst du dann in der Coaching- oder Kurs-Plattform veröffentlichen. Das ist eine gängige Praxis, wenn du deinen ersten Online-Kurs oder dein erstes Online-Coaching live erstellen möchtest.

Eine Coaching- oder Kursplattform macht in den allermeisten Fällen Sinn, da sie vor allem auch einen sehr professionellen Eindruck vermittelt. Dein Coachee kann sich jederzeit durch sein individuelles Passwort einloggen und an seinen Themen arbeiten.

Durch die Coaching- oder Kursplattform bringst du Struktur in deine Inhalte (beispielsweise durch Module und Lektionen) und stellst somit sicher, dass dein Coachee oder Teilnehmer auch nach einer Pause wieder in den Arbeits- oder Lernprozess findet. Auch Lern-Fortschritte sind auf vielen Plattformen darstellbar.

Die besten Coaching- und Kurs-Plattformen

	COACHY	ELOPAGE	DIGIMEMBER	SPREADMIND	ONE-CLICK-BUSINESS
technische Vorkenntnisse	gering	mittel	hoch	mittel	mittel
Hauptvorteil	Einfachheit	Basis-Version kann mit einzelnen Apps erweitert werden	Unabhängigkeit von Plattformen, weil Plug-In auf der eigenen Website	All-in-One inklusive Homepage!	Fokus auf Funnel-Aufbau
Hauptnachteil	begrenzter Speicherplatz, mit mehr Kursen auch höherer Tarif	Laufenden bleiben-Funktionsumfang ändert sich oft, immer auf dem	Technische Vorkenntnisse oder Unterstützung zur Einrichtung notwendig	Abhängigkeit vom All-in-One-Anbieter	Technische Vorkenntnisse sinnvoll
Zahlabwickler	Digistore 24	eigene Abwicklung durch Elopage	Anbindung an mehrere Abwickler möglich	eigene Abwicklung durch Spreadmind	Digistore 24
Design	leicht anpassbar (eigene Farben und Schriften)	je nach Tarif individueller werdend	komplett individuell	komplett individuell	leicht anpassbar
Startertarif	27 Euro/Monat (1 Kurs, 25 GB Speicher, unbegrenzt Teilnehmer)	kostenlos (allerdings mit geringem Funktionsumfang, sinnvoll ab 99 Euro/Monat)	27 Euro/Monat maximal (unbegrenzt Kurse und Teilnehmer)	129 Euro/Monat	47 Euro/Monat (3 Kurse, max. 1000 zahlende Teilnehmer)
Für wen geeignet?	Technik-Anfänger	alle, die nur 1 Tool wollen	Bastler mit Vorkenntnissen	alle, die nur 1 Tool wollen und noch keine Homepage haben	Funnel-Liebhaber

Coachy

Mein absoluter Favorit bei Coaching- und Kurs-Plattformen ist Coachy. Coachy ist auf die wesentlichen Funktionen reduziert und daher besonders für Starter sehr einfach und intuitiv zu bedienen. Auch die Verknüpfung zum Zahlungsabwickler Digistore24 ist sehr einfach anzulegen. Mit 27 Euro pro Monat für den ersten Kurs ist

Coachy im mittleren Preis-Segment, die Einfachheit der Bedienung macht diese Investition mehr als lohnenswert.

Da Coachy auch Landingpages für den Verkauf deiner Coachings und Kurse anbietet, kannst du es auch dann nutzen, wenn du noch keine eigene Website hast.

Nachdem ich viele Jahre Unterstützung durch einen Techniker in meiner Coaching- bzw. Kursplattform brauchte, die mit dem WordPress Plug-In DigiMember aufgesetzt war, war ich wirklich erstaunt, wie einfach die Einrichtung von Coachy ist.

DigiMember

Die wohl günstigste Möglichkeit, eine Coaching- oder Kurs-Plattform aufzubauen ist das WordPress Plug-In DigiMember. Als ich vor vielen Jahren ins Online-Coaching-Business gestartet bin, gab es dazu kaum Alternativen. Die Coaching- bzw. Kursplattform lebte (und lebt immer noch) auf meiner eigenen Website. Nachteil daran ist, dass es einiges an Technik-Kenntnissen braucht.

Zwar sind 80 Prozent der notwendigen Schritte schnell eingerichtet, an den restlichen 20 Prozent arbeitet man allerdings meist länger als geplant. Zudem brauchst du ein gutes Wordpress-Verständnis dazu, auch wenn du kein Profi sein musst. DigiMember ist für alle, die sich ihr eigenes individuelles Design auf ihrer Coaching- oder Kurs-Plattform wünschen, das Richtige. Denn hier hast du volle Gestaltungsfreiheit. Für den Start gibt es eine kostenlose Version.

Vollen Funktionsumfang gibt es allerdings nur in der Pro-Version für 37 Euro monatlich. Das ist mehr als Coachy im kleinsten Tarif aufruft. Allerdings hast du bei DigiMember keine Limitierung bei der Anzahl deiner Kurse und Coachings. Die Zahlungsabwicklung erfolgt über Digistore24, die Verknüpfung zum Zahlungsabwickler ist einfach.

DigiMember ist also vor allem auch dann für dich das Richtige, wenn du vor hast, viele unterschiedliche Kurse und Coachings anzubieten. Wenn du mit einem ersten Kurs oder Coaching startest, ist Coachy die bessere und einfachere Wahl.

Elopage

Elopage funktioniert ganz ähnlich wie Coachy, hat jedoch einen größeren Funktionsumfang und somit auch mehr Komplexität. Der größte Unterschied zu Coachy ist, dass Elopage eine eigene Zahlungsabwicklungslösung hat und somit nicht mit Digistore24 arbeitet. Du kannst bei Elopage also im eigenen Namen oder über Elopage anstatt Digistore24 als »Wiederverkäufer« (also Zahlungsabwickler) verkaufen.

Auch Elopage ist eine »All-in-One-Lösung« und somit auch für dich geeignet, wenn du noch keine eigene Website hast. Der Funktionsumfang von Elopage, wenn du noch keine eigene Website hast, ist umfangreicher als bei Coachy. Wenn du also noch keinerlei andere Tools im Einsatz hast und noch keine Website, kannst du dir Elopage anschauen.

Wenn du bereits eine eigene Website hast, bzw. auf jeden Fall vorhast eine separat zu erstellen, rate ich dir zu Coachy.

Spreadmind

Spreadmind bietet noch mehr »All-in-One« als alle bisher vorgestellten Plattformen, denn Spreadmind ist eine komplett fertig eingerichtete Wordpress-Plattform, auf der du dein gesamtes Online-Business aufbauen kannst, ohne deine Seite selbst hosten und dich um die Technik dahinter kümmern zu müssen. Es ist möglich, mit Spreadmind als einzigem Tool die gesamte technische Grundlage zu legen – von Blog über Podcast, Landingpages, E-Mail-Marketing und vielem mehr.

Auch Spreadmind hat eine eigene Zahlungsabwicklungslösung, ist jedoch mit einem Preis von 129 Euro monatlich (nach 14-tägiger kostenloser Testphase) definitiv nur etwas für alle, die vollen Fokus aufs Online-Coaching-Business legen. Ansonsten sind die Kosten für den Start sehr hoch.

One-Click-Business

One-Click-Business ist vor allem für all jene eine Alternative, die vor allem Kurse zu kleineren Preisen (Stufe 1 und 2) bestenfalls voll automatisiert verkaufen wollen. Der Fokus dieser Plattform liegt nämlich auf dem Bau von möglichst automatisierten Verkaufskanälen (auch Funnel genannt). Der größte Vorteil ist, dass alle Komponenten deines Online-Coaching-Business perfekt aufeinander abgestimmt sind. Du brauchst dir also keine Gedanken darüber machen, ob deine Landingpage mit deinem E-Mail-Marketing-Anbieter zusammenpasst oder deine Plattform mit deinem Zahlungsabwickler korrespondieren kann.

Von Vorteil ist auch, dass One-Click-Business darüber hinaus die Möglichkeit bietet, Webinare zu veranstalten. Der Nachteil an dieser Plattform ist, dass sie sehr komplex ist und somit einiges an Technik-Verständnis voraussetzt. Als Online-Coaching-Business-Starter ist sie daher für mich nicht empfehlenswert. Wenn du jedoch bereits sehr Technik-affin bist, spricht nichts dagegen, sie einzusetzen.

Mit 47 Euro monatlich im kleinsten Account bist du preislich am oberen Ende, zumal du in diesem Tarif nur einen einzigen Kurs oder ein einziges Coaching anlegen kannst. Für 3 Kurse steigt der Preis auf 97 Euro pro Monat.

Neben diesen wohl gängigsten deutschen Anbietern gibt es noch zahlreiche US-Anbieter wie Kajabi, Teachable oder Click-Funnels. Diese Anbieter haben in den meisten Fällen den Nachteil, dass die Zahlungsabwicklung kompliziert ist, denn US-Zahlungsabwickler sind nicht auf unterschiedliche Mehrwertsteuersätze (beispielsweise durch Käufe aus der Schweiz oder Österreich) vorbereitet. Zudem lassen sie im Hinblick auf den Datenschutz oft zu wünschen übrig.

Und was ist mit Udemy?

Immer wieder werde ich auch auf die Kursplattform Udemy angesprochen. Dir als Coach rate ich ganz gezielt von Udemy ab. Du konkurrierst dort mit einem völlig transparenten Markt an ähnlichen Kursen. Das kann nur zu einem Preis-Wettkampf führen.

Onlinekurse auf Udemy dürfen derzeit höchstens 50 Euro kosten, was die Verdienstmöglichkeiten stark einschränkt. An Kunden kommst du zudem nur dann einigermaßen erfolgreich, wenn du an den Rabattaktionen von Udemy teilnimmst, bei denen die Kurse zu Ramschpreisen angeboten werden, was deiner Marken-Reputation schadet.

Erfolg auf Udemy hast du nur, wenn du sehr viele Online-Kurse (also mehr als 20) anbietest und massenweise über die Rabattaktionen verkaufst. Das kann für Programmierkurse Sinn machen, für Kurse zu den typischen Coaching-Themen definitiv nicht.

Technik-Tools für die Kurs-Erstellung

Aktuell wird für Online-Kurse und Online-Coachings von den meisten Zielkunden erwartet, dass sie vor allem aus Video-Lektionen bestehen. Es spricht jedoch nichts dagegen, auch mal eine Audio-Datei einzufügen und Arbeitsblätter dazu anzubieten.

Dennoch: Um diese Videos zu produzieren gibt es zwei Wege:

1. Du filmst deinen Bildschirm ab, auf dem du eine PowerPoint-Präsentation, ein Dokument oder auch ein Technik-Tool zeigst.
2. Du filmst dich selbst und erzählst deine Inhalte in die Kamera.

Um Bildschirmaufnahmen zu machen, kannst du Tools wie Screenflow, Loom oder Camtasia nutzen. Screenflow ist besonders für Mac zu empfehlen, Camtasia eher für PC.

Loom ist ein kostenloses Tool, das dir zudem die Möglichkeit bietet, auch dich selbst (also ohne Bildschirm) oder deinen Bildschirm und dich klein in der Ecke zu zeigen.

Audio-Dateien kannst du mit dem kostenlosen Tool Audacity herstellen und in MP3-Dateien verwandeln. Es empfiehlt sich dafür ein Kondensator-Mikrofon zu nutzen.

Hosting für deine Kurs-Videos oder Audios

Je nachdem, welche Kurs- bzw. Coaching-Plattform du nutzt, benötigst du einen Host für deine Video- bzw. Audio-Dateien. Also einen Ort, an dem du diese Dateien speicherst und dann in deine Coaching-Plattform verlinkst.

Für Audio-Dateien kannst du SoundCloud verwenden. Für den Start reicht die kostenlose Version dieses Dienstes aus. Für Video-Dateien empfehle ich Vimeo, da diese Plattform – anders als YouTube – echten Schutz deiner Video-Dateien bieten kann. Alle Videos, die du also für deine Online-Kurse und Online-Coachings verwendest, lädst du auf Vimeo hoch, blendest sie aus und erlaubst nur die Einbindung in spezielle Websites (deine Website oder die Website der Coaching-Plattform).

Alle Videos, die sich verbreiten sollen, weil sie zu Marketing-Zwecken erstellt wurden, auf YouTube. Wenn du nicht alle deine Kurs-Videos auf einmal auf Vimeo hochlädst, reicht die kleinste Bezahlversion mit maximal 5 Gigabite pro Woche für den Start aus.

Online-Meetings mit deinen Kunden

Vor allem in Online-Coachings, aber auch, wenn du Online-Kurse inklusive Betreuung anbietest, brauchst du ein Tool, um diese virtuellen Meetings zu organisieren.

Immer wenn du dabei mehrere Coachees oder Teilnehmer betreust, empfehle ich dir Zoom-Meeting zu nutzen. Mit 13,99 Euro pro Monat ist Zoom sehr günstig, wesentlich zuverlässiger als beispielsweise Skype und hat viele nützliche Funktionen. Dazu gehören Bildschirmübertragung (deiner wie auch der Bildschirm deines Gesprächspartners), ein Whiteboard, die Aufzeichnung deiner Session, ein Chat-Tool, die Stumm-Schaltung von Teilnehmern, die Zuschaltung von Teilnehmern per Video und einige flexibel hinzu buchbare Add-Ons wie beispielsweise die Webinar-Funktion. Für diesen Preis kannst du Online-Meetings mit bis zu 100 Teilnehmern veranstalten.

Hier ein Screenshot von einem Online-Meeting mit den Teilnehmern meines Online-Kurses »Online-Kurs-DNA«.

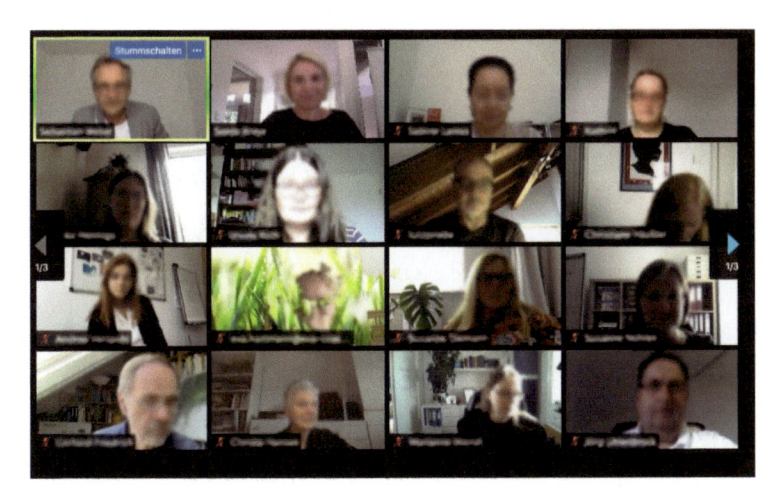

Sonder-Tipp: Cai-World

Wenn du vor allem 1:1 online coachen willst und zudem immer wieder auch Kunden aus der Unternehmenswelt hast, empfehle ich dir die Nutzung der Cai-World.

Die Cai-World geht über Online-Meetings hinaus und ist speziell für Business Coaches gedacht. Sie beinhaltet hervorragende Möglichkeiten um Methoden aus Business Coaching, Konfliktmanagement, Laufbahnberatung, Team-Development und Transfercoaching in dein Online-Coaching zu integrieren, wie bspw. Aufstellungen, inneres Team, Soziogramm, Ressourcenbaum, Konfliktlöse-Dreieck, Sternstunden und Kraftfeldanalyse.

Zudem benötigt dein Coachee für die Nutzung der Cai-World keinerlei Download einer Applikation, was gerade dann von Vorteil ist, wenn dein Coachee im Unternehmensumfeld mit dir zusammenarbeitet und das Unternehmen keine Downloads solcher Applikationen erlaubt.

Beispiel eines Soziogramms aus der Cai-World

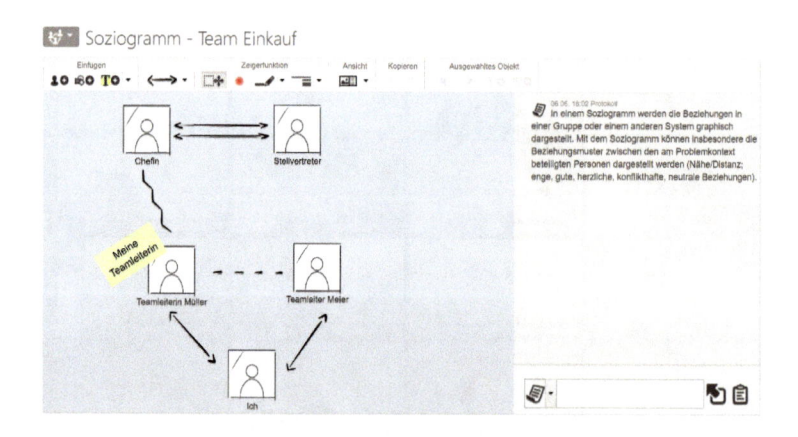

https://www.cai-world.com/format-business-coaching#tool-sociogram

7

Technik-Tools für den Verkauf von Online-Coachings und Online-Kursen

In diesem Kapitel stelle ich dir alle Technik-Tools vor, die du für den Verkauf deiner Online-Coachings und Online-Kurse brauchst.

Für den besseren Überblick hier nochmals die Grafik des Verkaufsprozesses aller Online-Coachings und Online-Kurse.

Online-Coaching-Business
MASTERFUNNEL

INTERESSENTEN	STARTPUNKT	VERTRAUEN	CONVERSION	DURCHFÜHRUNG
ANSPRACHE BEZAHLT (Anzeigen)	ANMELDESEITE FÜR LEAD MAGNET (Webinar, Checkliste, Video-Training, Challenge)	DURCH WEBINAR, E-MAIL-SERIE, VIDEO-TRAINING, CHALLENGE	ÜBER ERSTGESPRÄCH VERKAUFSLINK	COACHING ONLINE-KURS
ANSPRACHE UNBEZAHLT (Social Media, Interviews)				
KOOPERATIONEN				
ANZEIGENMANAGER z.B. Von Google, Facebook, Pinterest, LinkedIn etc.	LANDING PAGE E-MAIL-MARKETING	WEBINAR-PLATTFORM LANDING PAGES E-MAIL-MARKETING	SALES PAGES BEZAHLANBIETER ONLINE-KALENDER	COACHING PLATTFORM E-MAIL-MARKETING

Landingpages

Je ansprechender deine Landingpages, umso mehr deiner Zielkunden tragen sich in deine E-Mail-Liste, für ein Webinar, für jegliche andere

Lead Magneten oder für ein Erstgespräch bei dir ein oder kaufen deinen Online-Kurs.

Mein favorisiertes Tool dafür ist Thrive Architect, denn damit hast du gut funktionierende, klar strukturierte Landingpage-Vorlagen für einen sehr günstigen Preis, denn das Tool kostet aktuell einmalig 67 US$.

Thrive Architect ist ein Plug-In für WordPress, kann also auch nur gemeinsam mit WordPress verwendet werden. Das ist wohl der größte Nachteil an Thrive Architect, wobei ich ganz klar dazu rate, mit WordPress zu arbeiten, da WordPress das einzige Content Management System für Websites ist, das flexibel mit allen wichtigen weiteren Technik-Tools verbunden werden kann.

Weitere Anbieter

Eine gute Alternative dazu ist Elementor, das jedoch ebenfalls nur in Kombination mit WordPress nutzbar ist. Elementor gibt es auch in einer kostenlosen Basis-Version, die jedoch schnell an ihre Grenzen kommt. Sinnvoller ist die erste bezahlte Version für aktuell 49 US$ pro Jahr.

Für alle, die nicht mit WordPress arbeiten, ist Leadpages eine hervorragende Alternative. Leadpages kommt sogar ganz ohne Website aus, denn du kannst deine Landingpage ganz einfach über den Leadpages Server veröffentlichen. Der große Nachteil an Leadpages sind die monatlichen Kosten von aktuell 25 US$ pro Monat.

Je nachdem, welche Coaching-Plattform du für deinen Online-Kurs oder dein Online-Coaching-Angebot nutzt, kannst du dir einen separaten Landingpage-Builder sparen. Integrierte Landingpages haben beispielsweise Coachy, Elopage, Spreadmind und One-Click-Business. Ich selbst arbeite – obwohl die meisten meiner Kurse auf Coachy eingestellt sind – trotzdem mit Thrive Architect, weil mir die Vorlagen des Dienstes am meisten entsprechen und ich keine vollständige Abhängigkeit von einem Anbieter haben will.

E-Mail-Marketing

E-Mail-Marketing ist – wie bereits besprochen – einer der größten Erfolgsfaktoren im Online-Coaching-Business. Je professioneller du mit vielen deiner Zielkunden kommunizieren kannst, umso erfolgreicher dein Business. E-Mails sind dabei der »Kleber«, der deine Marketing-Aktionen miteinander verbindet.

Mein favorisiertes Tool für E-Mail-Marketing ist Klick-Tipp. Klick-Tipp ist ein deutschsprachiger Anbieter mit zuverlässigen Automationen und Kampagnen, Rechtssicherheit und einfacher Verknüpfung deiner Formulare auf deiner Website und deinen Landingpages.

Der Nachteil an Klick-Tipp sind die relativ hohen Einstiegspreise. Für den Start reicht zwar der Einsteigertarif für aktuell 27 Euro pro Monat aus. Je tiefer du jedoch in dein Online-Coaching-Business hineinwächst, umso schneller wirst du einen größeren Funktionsumfang brauchen und bald auf den Tarif für aktuell 67 Euro pro Monat wechseln. Dennoch lohnt sich diese Investition allein schon wenn du darüber nachdenkst, wie viel du ausgeben müsstest, um all die Menschen in deinem Verteiler auch nur einmal pro Monat mit einem Brief per Post zu versorgen.

Da E-Mail-Marketing in deinem Online-Coaching-Business eine zentrale Erfolgs-Rolle spielt, empfehle ich dir hier auch definitiv in ein leistungsfähiges Tool zu investieren.

Eine Alternative zu Klick-Tipp wäre ActiveCampaign. Der Funktionsumfang von ActiveCampaign ist ähnlich leistungsstark. Der Einsteigertarif startet bereits bei 9 US$ pro Monat. Nachteil ist, dass die Anbieter-Plattform komplett auf Englisch gestaltet ist, du also einige Englisch-Kenntnisse haben solltest, um das Tool zielgerichtet zu bedienen. Der große Vorteil von ActiveCampaign ist, dass dieser Anbieter schöne Gestaltungsvorlagen für deine Newsletter bietet.

Grundsätzlich ist die Entscheidung zwischen Klick-Tipp und ActiveCampaign also meist eine Philosophie-Frage. Ich rate dazu, E-Mail-Marketing so aufzuziehen, dass die E-Mails, die du versendest, so aussehen, als stammten sie von einem Freund.

Ich verzichte also auf sämtliche Design-Einstellungen und Templates. Das ist darüber hinaus von Vorteil, weil diese Design-Einstellungen oftmals »zerschossen« werden – je nachdem, ob der Empfänger des Newletters Gmail, GMX, Hotmail oder einen anderen E-Mail-Client nutzt. Der große Vorteil von Active Campaign ist somit keiner mehr.

Ein Überblick der Unterschiede von Klick-Tipp und ActiveCampaign:

	KLICK-TIPP	**ACTIVE CAMPAIGN**
Einsteiger-Tarif	27 Euro/Monat	9 US$/Monat
Für alle, die	lieber einen komplett deutschsprachigen Anbieter nutzen, keine Designvorlage brauchen	viele unterschiedliche Online-Kurse und Online-Coachings anbieten wollen und somit viele unterschiedliche Automationen brauchen schöne Templates wollen (Stil-Coaches, Beauty-Coaches etc.)
Nicht geeignet für	Design-Liebhaber	alle, deren Englisch nicht sattelfest ist
Support	erst in höheren Tarifen wirklich gut	bereits vom Start weg gut

Hinweis: Egal welche Kurs- oder Coaching-Plattform du nutzt, solltest du E-Mail-Marketing immer unabhängig von anderen Anbietern betreiben. Es ist also keine gute Idee, E-Mail-Marketing über eine Coaching- oder Kurs-Plattform oder auch über WordPress zu betreiben.

Oder vielleicht sogar deine Kunden-Informationen über einen Direct-Messenger wie WhatsApp oder Facebook-Messenger zu organisieren. Beachte, dass die Adressen, die du dort speicherst, niemals wirklich dir gehören. Ändert ein solcher Anbieter seine Nutzungsbedingungen oder verschwindet vom Markt, hast du im Zweifel viel Aufbauarbeit geleistet, die nun nicht mehr für dich zur Verfügung steht.

Weitere Anbieter

Es gibt zahlreiche weitere E-Mail-Marketing-Anbieter wie Mailchimp, Cleverreach, Getresponse, Sendinblue oder Newsletter2Go.

Mit einigen dieser Anbieter habe ich bereits selbst gearbeitet (CleverReach, GetResponse). Weitere kenne ich aus der Zusammenarbeit mit meinen Kunden. Leider konnte mich bisher keiner dieser Anbieter überzeugen. Das liegt in den meisten Fällen daran, dass diese Anbieter lange Zeit listenbasiert gearbeitet haben, Klick-Tipp und ActiveCampaign aber von vorne herein auf tagbasiertes E-Mail-Marketing abgezielt haben und auch in diesem Sinne entwickelt wurden.

Die ersten E-Mail-Marketing Anbieter haben die Kontakte in deinem E-Mail-Verteiler in Form von Listen sortiert. Diese listenbasierten Systeme stießen jedoch bald an ihre Grenzen, denn ein und derselbe Kontakt in deinem Verteiler konnte beispielsweise in mehreren Listen gelandet sein und zu Listen-Chaos führen.

Als ganz einfaches Beispiel, wie wichtig tag-basierte Systeme sind, erzähle ich dir gern von einem meiner ersten Launches (Verkaufs-

Aktionen) meines ersten Online-Kurses »Business Celebrity«. Ich hatte dazu ein Sales-Video gedreht, das ich an meine Liste geschickt habe. Nach diesem Sales-Video folgten weitere Vermarktungs-Maßnahmen und Erinnerungs-E-Mails. Natürlich wollte ich denjenigen, die bereits gekauft hatten aber keine Erinnerungs-E-Mails mehr schicken und musste in meinem listenbasierten System damals manuell aussortieren, wer bereits gekauft hat, um diese Käufer nicht gleich zu Beginn der Zusammenarbeit mit weiteren »Kauf-Mich«-Botschaften zu nerven. Mit Automation hat das wenig zu tun.

Mit einem tag-basierten System wie Klick-Tipp oder Active Campaign kannst du ganz automatisch nachverfolgen, wer beispielsweise deine E-Mail erhalten, aber den Link darin noch nicht geklickt hat. An diese Kontakte kannst du nochmals eine Erinnerung schicken, um klarzustellen, dass es wichtig ist, den Link zu klicken (um sich beispielsweise für ein Webinar zu registrieren).

Bestellformulare und Zahlungsabwicklung

Wer online verkauft, sollte auch die Bezahlung online abwickeln können. Das gilt umso mehr, je mehr Kunden du gleichzeitig gewinnen willst, weil du beispielsweise einen Online-Kurs oder ein Online-Gruppen-Coaching startest.

Mit professioneller Abwicklung durch einen Zahlungsabwickler machst du nicht nur einen professionellen Eindruck, sondern sparst dir darüber hinaus eine Menge Verwaltungsaufwand. Rechnungschaos adé.

Meine favorisierten Zahlungsabwickler sind Digistore24 und AffiliCon. AffiliCon nutze ich dabei für die Abwicklung all meiner höherpreisigen Online-Gruppen-Coachings. Digistore24 nutze ich für alle Kurs-Verkäufe.

Der Nutzen dieser Anbieter wird dir klar, wenn du zum ersten Mal einen Kurs oder ein Coaching an mehr als 5 Teilnehmer verkaufst. Ein Zahlungsabwickler ermöglicht dir hier zum einen die Vorkasse - also die komplette Bezahlung vorab - wie auch die Zahlung in Raten.

Ohne Zahlungsabwickler müsstest du einen Zeitverzug hinnehmen, um die Rechnung auszustellen und sie zu versenden und die Zeit einrechnen, die dein Teilnehmer braucht, um diese zu begleichen. Bei der Ratenzahlung müsstest du zudem jeden Turnus eine neue Rechnung ausstellen und zudem abgleichen ob sie auch beglichen wurde. Wenn nicht bezahlt wurde, kommt noch der Aufwand für die Zahlungserinnerung hinzu.

All das übernimmt der Zahlungsabwickler für dich gegen eine Gebühr. Zusätzlich bietet dir der Zahlungsabwickler ein Bestellformular und die Bezahlung über unterschiedliche Bezahlmethoden (Kreditkarte, PayPal, Sofort-Überweisung, Lastschrifteinzug etc.). All diese Vorteile führen dazu, dass du mehr verkaufst.

Digistore24 und AffiliCon unterscheiden sich in ihren Funktionalitäten dabei nur minimal.

Digistore24 ist jedoch vor allem für Kurs-Verkäufe mein favorisierter Anbieter, weil Digistore24 bessere Möglichkeiten bietet, um Partner (sogenannte Affiliates) für deine Kurs-Verkäufe zu nutzen.

Nimm an, du organisierst ein Webinar, um deinen nächsten Online-Kurs zu verkaufen und du hast einen Kollegen, der den Kurs, den du darin vorstellst, gern empfehlen würde. Dann kannst du diesem Kollegen einen Link über Digistore24 erstellen, den er für die Empfehlung nutzen kann. Kauft dann jemand durch seine Empfehlung schreibt Digistore24 ihm automatisch eine Provision gut.

Auch AffiliCon kann das, macht das Ganze aber umständlicher. Zudem schauen auf Digistore24 viele nach neuen Kursen und Online-Angeboten, die sich für ihre Zielgruppe eignen. Das sind so genannte »Affiliate-Marketer«, die keine eigenen Kurse oder Online-Coachings haben, sondern die von anderen Anbietern nutzen und dafür die Provision erhalten.

Damit du dich besser zwischen den beiden entscheiden kannst, hier ein Vergleichs-Überblick

	DIGISTORE24	**AFFILICON**
Kosten	7,9% +1 Euro/Verkauf Kosten fallen nur bei erfolgreichen Verkäufen an	7% +1 Euro/Verkauf Kosten fallen nur bei erfolgreichen Verkäufen an
Support	mittelmäßig	sehr gut
Vor allem für	Anbieter von Online-Kursen	Anbieter von höherpreisigen Online-Coachings
Vorteil	umfangreiche Affiliate-Plattform, leichtes Auffinden von möglichen Partnern, viele Conversion-Funktionen, schnelle Einführung neuer verkaufsfördernder Maßnahmen	einfache Einrichtung, übersichtliche Funktionalität, klar strukturiertes Dashboard
Nachteil	Einrichtung ist komplex, da viele Funktionalitäten und Einrichtungsmöglichkeiten	wenig innovativ

Weitere Anbieter

Wenn du dich auf dem Markt umschaust, wirst du weitere Zahlungsabwickler finden, die ebenfalls gute Funktionen haben, meist aber auch Nachteile, die für mich dazu führen, dir zunächst die beiden obigen Tools zu empfehlen.

Die wohl beste Alternative zu Digistore24 ist CopeCart. Lange wollte CopeCart für seine Dienste jedoch eine monatliche Grundgebühr, was verhinderte, dass der Zahlungsabwickler wachsen konnte. Aktuell bieten sie den Einstieg für 4,9% zzgl. 1 Euro Gebühr für jeden erfolgten Verkauf, was absolut attraktiv ist. Da die Umstellung auf diesen Tarif jedoch erst vor kurzem stattgefunden hat, haben wir den Dienst noch nicht getestet, raten aber gerne dazu, das zu tun.

PayPal

PayPal sehe ich nicht als Alternative zu Digistore24 und AffiliCon, weil darüber zwar Zahlungen entgegengenommen werden und abgewickelt werden können. Das gesamte Zahlungsmanagement (also beispielsweise Nachhaken bei abgelaufener Kreditkarte oder ausgefallener Zahlung) ist jedoch über PayPal nicht möglich. Gerade das ist aber vorteilhaft und zeitsparend vor allem für Kurs-Anbieter, sowie Online-Coaching-Anbieter mit Ratenzahlung.

Webinare

Wenn du bereits Online-Meetings und Online-Coachings über Zoom hältst, ist es naheliegend Webinare über ein Add-On für Zoom zu machen. Bei 100 Teilnehmern (was für den Start völlig ausreicht) kostet das 37 Euro pro Monat. Bei bis zu 500 Teilnehmern zahlst du 130 Euro monatlich.

Du kannst gleich bei der Buchung einstellen, dass du dieses Add-On für nur einen Monat haben willst, was sehr empfehlenswert ist, wenn du gerade beim Start noch nicht regelmäßig Webinare veranstaltest. Zoom ist damit mein absoluter Favorit für alle, die erst ins Online-Coaching-Business starten.

Viele fragen mich, warum sie, wenn sie bereits Zoom als Meeting-Tool nutzen, zusätzlich die Webinar-Funktion brauchen, denn du kannst auch mit Zoom-Meeting ein Meeting mit bis zu 100 Teilnehmern abhalten.

Die Webinar-Funktion empfehle ich dir, weil sich dabei – anders als im Meeting – deine Teilnehmer nicht selbstständig per Kamera oder Audio zuschalten können.

Wenn du jemanden im Webinar hast, der sich dauernd per Kamera einschaltet oder via Audio deinen Vortrag unterbricht, ist das sehr störend und macht dich nur nervös.

Du kannst deine Teilnehmer vor dem Webinar in einem »Warteraum« sammeln und dann die Türen für alle gemeinsam öffnen. Sind die Türen einmal offen, kommt jeder Teilnehmer direkt ins Webinar (im Meeting müsstest du verspätete Teilnehmer manuell hereinlassen, was wiederum dein Webinar stört).

Weitere Anbieter

Wenn du nicht mit Zoom arbeitest, kannst du dir die folgenden Webinar-Anbieter anschauen:

GoToWebinar

GoToWebinar ist einer der Platzhirsche auf dem Webinar-Markt und schon seit vielen Jahren ein zuverlässiges Tool, allerdings nicht ganz günstig. Das Starter Paket kostet bei jährlicher Zahlung pro Organisator 89 Euro im Monat und es können bis zu 100 Personen teilnehmen. Bis zu 500 Teilnehmer können mit dem Pro Paket für 199 Euro im Monat eingeladen werden. Das GoToWebinar Plus Abonnement kostet 429 Euro pro Organisator pro Monat, ebenfalls bei jährlicher Zahlung. Das Tool ist also vor allem für alle jene geeignet, die viele Webinare veranstalten wollen und werden.

WebinarJam

Der große Vorteil von WebinarJam: Das Tool legt den Fokus ganz klar auf Verkaufs-Webinare und bietet somit sehr gute Funktionalitäten, wenn es beispielsweise darum geht, am Ende des Webinars Verkaufs-Links einzublenden.

Nachteil: Das Tool ist nur auf Englisch verfügbar. Das Basic-Paket für Einsteiger startet bei 499 US-Dollar im Jahr. Auch dieses Tool ist somit vor allem empfehlenswert, wenn du regelmäßig Webinare veranstaltest.

Mit EverWebinar bieten die Betreiber von WebinarJam zudem einen zusätzlichen Service für automatisierte Webinare. Wenn es also dein Ziel ist, später automatisierte Webinare anzubieten und darüber dein Online-Coaching oder deinen Online-Kurs zu verkaufen, kannst du dieses Tool (gegen gesonderte Kosten) zusätzlich zu WebinarJam nutzen.

Webinaris

Webinaris ist ein deutschsprachiger Anbieter für automatisierte Webinare. Für mich einziger Nachteil ist, dass für den Start keine Live-Webinare möglich sind. Denn die brauchst du oftmals, um zunächst zu testen, ob dein Webinar das gewünschte Ergebnis, nämlich viele Anmeldungen zum Kurs oder zum Erstgespräch bewirkt.

Dafür bietet Webinaris die Möglichkeit inhaltlich unterschiedliche Webinare gegeneinander zu testen (in so genannten Split Tests).

Wie alle weiteren Webinar-Tools bietet auch Webinaris eine Chat- und Umfrage-Funktion, sowie Tracking und Reporting. Zudem gibt es bei den Anbietern automatisierter Webinare immer auch eine Funktion, mit der du sogenannte Ghost User in dein Webinar hinzuschalten kannst. Das heißt, dass du nur so tust als ob diese Menschen an deinem Webinar teilnehmen und das beispielsweise über den Chat zu sehen ist, weil »Peter« eine Frage hinein schreibt.

Ich wäre sehr vorsichtig mit dieser Funktion, denn ich empfinde es als unehrlich so zu tun, als ob viele Menschen in meinem Webinar sind, es aber nur ganz speziell für eine Person (nämlich deinen aktuellen Zielkunden) automatisiert veranstaltet wird.

Ich rate dir eher dazu, dein automatisiertes Webinar zu einem kostenlosen Trainingsvideo umzubenennen und ehrlich zu bleiben. Das schafft langfristig am meisten Vertrauen.

Alle Technik-Tools, die ich für deinen Start ins Online-Coaching-Business empfehle, weil sie sowohl leistungsfähig als auch günstig sind (für den Start darfst du mit monatlich maximal 100 Euro rechnen), findest du im Online-Coaching-Technik-Bundle unter diesem Link: *https://business-celebrity.com/lp/technik-bundle*

Oder indem du die Kamera deines Smartphones auf diesen QR-Code hältst:

Starter-Strategie für die Kundengewinnung

Die wohl einfachste und naheliegendste Methode, um als Online-Coach erste Kunden für dein Online-Coaching oder deinen Online-Kurs zu gewinnen, ist die Veranstaltung eines Webinars. Die unterschiedlichen Webinar-Tools habe ich dir bereits vorgestellt. Sprechen wir nun darüber, warum gerade das Webinar ein so erfolgreicher »Verkäufer« für dein Online-Coaching-Business ist.

Ein Webinar ist eine Informations- oder Verkaufsveranstaltung, das entweder automatisiert oder zu einem festgelegten Zeitpunkt stattfindet und online übertragen wird. Das Wort Webinar ist die Zusammensetzung von Seminar und Web.

Webinar-Veranstalter bist du als Online-Coach. Zum Webinar lädst du deine Zielkunden ein. Das müssen nicht auf Anhieb Hunderte von Menschen sein. Tatsächlich starten die meisten Online-Coaches mit 15 bis 50 Teilnehmern.

Der Vorteil eines Webinars ist, dass du dein Online-Coaching oder deinen Online-Kurs gleichzeitig an mehrere Teilnehmer präsentieren kannst. Das tust du, indem du eine Präsentation vorbereitest, die deinen Zielkunden zum einen Mehrwert liefert (durch neue Informationen, das Aufzeigen von Fehlern und die dazu passenden Lösungen) und gleichzeitig auf die Teilnahme in deinem Online-Coaching oder deinem Online-Kurs neugierig macht und diese anbietet.

Webinare sind also eine hervorragende Möglichkeit, dein Online-Coaching oder deinen Online-Kurs vorzustellen, diese Angebote als Lösung für die Herausforderung deines Zielkunden zu präsentieren und am Ende entweder zu einem Erstgespräch einzuladen (wenn dein Angebot einen höheren Preis hat) oder per Link deinen Kurs anzubieten.

Warum du für ein Webinar keine E-Mail-Liste brauchst

Mit einem Webinar schlägst du zudem mehrere Fliegen mit einer Klappe: Zunächst kannst du Leads (Kontaktdaten) generieren, denn um sich für dein Webinar anzumelden, hinterlassen deine Interessenten und Interessentinnen ihre E-Mail-Adresse im Anmeldeformular. Das funktioniert über eine Webinar-Anmeldeseite (Landingpage) und die Verknüpfung zu deinem E-Mail-Marketing-Anbieter.

In der nachfolgenden Bestätigungs-E-Mail, die von deinem E-Mail-Marketing Anbieter ausgelöst wird, versendest du den Zugang zum Webinar Raum, sowie weitere wichtige Informationen, damit deine Interessenten und Interessentinnen auch tatsächlich teilnehmen können. Auf der Landingpage für die Webinar Anmeldung solltest du klarstellen, dass die Anmeldung auch gleichzeitig die Aufnahme in deinen E-Mail-Verteiler bedeutet. Somit baust du deine E-Mail-Liste weiter auf.

Mit der Teilnahme zeigen deine Interessenten und Interessentinnen, dass sie sich für dein Thema interessieren, bzw. genau die Herausforderung haben, die du mit deinem Coaching lösen kannst. Du hast also Sicherheit, dass du dein Thema an Menschen präsentierst, die sich dafür interessieren.

Webinare dauern in der Regel zwischen 60 und 90 Minuten. Du hast also eine Stunde oder mehr, um Vertrauen zu deinen Teilnehmern und Teilnehmerinnen aufzubauen, zu beweisen, dass du weißt, wovon du sprichst und zu zeigen, wie dein Online-Coaching oder dein Kurs das Leben deiner Zielkunden und Zielkundinnen besser macht.

Weitere Vorteile von Webinaren

Wenn du dich bisher noch nicht an Webinare getraut hast, helfen sicherlich die folgenden Vorteile, um dich zum Ausprobieren zu bewegen.

Zeitersparnis

Auch wenn du zunächst nur 20 oder 30 Teilnehmer in dein Webinar bekommst, hast du die Möglichkeit, dein Coaching gleich mehreren Interessenten und Interessentinnen auf einmal zu erklären.

Ortsunabhängigkeit

Dein Webinar kannst du vom eigenen Schreibtisch aus starten. Zudem ist es egal, von wo aus sich deine Zielkunden und Zielkundinnen einloggen. Das gibt dir zeitgleich eine größere Reichweite. Bei Präsenz-Workshops oder Vorträgen bist du am Start oftmals auf deine Region begrenzt.

Wenig Vorbereitung

Selbstverständlich darfst du die Präsentation mit den Inhalten für dein Webinar gründlich ausarbeiten. Gerade dann, wenn du nicht nur Inhalte präsentieren, sondern erfolgreich verkaufen willst, ist es wichtig, einer verkaufsfördernden Struktur in deinem Webinar zu folgen. Dennoch brauchst du dich – anders als bei Präsenz-Workshops – nicht um Räumlichkeiten oder Catering kümmern.

Geringe Kosten und geringer Planungsaufwand

Webinar-Software ist günstig und du kannst jederzeit weitere Webinare planen und organisieren. Du brauchst dazu keinen monatelangen Vorlauf. Eine Bewerbungsphase von zwei Wochen reicht aus, um genügend Teilnehmer und Teilnehmerinnen zu akquirieren.

Teilnehmer/innen für dein Webinar gewinnen

Damit du möglichst viele Anmeldungen für dein Webinar erhältst, ist es wichtig, die Herausforderung deiner Zielkunden und Zielkundinnen genau zu kennen und zielgerichtet anzusprechen. Der Titel deines Webinars ist dabei sehr wichtig. Die besten Webinar-Titel machen neugierig auf die Inhalte, zeigen, dass es wichtig ist, daran teilzunehmen und sind relevant für deine Zielgruppe.

Für deinen Webinar-Titel heißt das, dass du beispielsweise

- Neugierde weckst (Beispiel: »Glücklichsein ist nicht der Schlüssel für eine erfolgreiche Ehe – 6 Mythen, die deine Ehe zerstören könnten und was du stattdessen tust«)
- Anleitungen gibst (Beispiel: »3 Schritte, um dein Personal Training auch im Sommer auszubuchen«)
- Geheimnisse enthüllst (Beispiel: »3 wenig bekannte Geheimnisse von Frauen, die Kind und Karriere ganz leicht unter einen Hut bekommen«)
- Fehler ansprichst (Beispiel: »5 Fehler, die verhindern, dass du dein Stress-Level senkst«)
- Einfachheit versprichst (Beispiel: »Alles, was du wissen musst, um deine Finanzen im Griff zu haben«)

Mit einem aufmerksamkeitsstarken Titel, mit dem du zeigst, dass du genau weißt, was deine Zielkunden gerade beschäftigt, machst du es dir leicht viele Teilnehmer/innen dafür zu akquirieren.

Ich bin ein großer Fan davon, beim Start mit Webinaren Teilnehmer und Teilnehmerinnen erst mal durch »Handarbeit« zu gewinnen, anstatt sofort auf Anzeigenschaltung zu setzen. Somit überprüfst du ohne Budget-Einsatz, ob es Interesse am Thema deines Webinars gibt und ob deine Vorgehensweise im Webinar am Ende auch zu den gewünschten Erstgesprächen bzw. Verkäufen führt.

Ohne Budget-Einsatz kannst du dein Webinar jederzeit über die sozialen Medien verbreiten. Dabei postest du natürlich nicht nur einmal, sondern jeden Tag. Werde kreativ und überlege dir, wo du ansonsten noch über dein Webinar sprechen kannst. Gibt es Kooperationspartner/-innen, die dich unterstützen können und ihre eigene Community über dein Webinar informieren würden?

Um organisch, also unbezahlt, Teilnehmer/innen für dein Webinar zu gewinnen, empfehle ich dir:

- Ein Event auf LinkedIn anzulegen und deine Kontakte dazu einzuladen
- Ein Event auf Facebook anzulegen und deine Freunde dazu einzuladen
- Ein Event auf Xing anzulegen und deine Kontakte dazu einzuladen.

Auf Xing hat sich zudem die Umwandlung deines kostenlos angelegten Events in ein so genanntes Xing Event Plus bewährt. Für einmalig 39,95 Euro (pro Monat, bei kürzerer Laufzeit sogar tagesgenau abgerechnet), kannst du dort direkt den Link zu deiner Webinar-Anmeldeseite platzieren und siehst zudem, wer sich deine Event-Seite auf Xing angesehen hat.

Da viele Xing-Mitglieder übersehen, dass sie einen separaten Link klicken müssen, um sich anzumelden, kannst du diese Besucher deiner Event-Seite über eine persönliche Nachricht nochmals daran erinnern.

Weitere Möglichkeiten, um deine Reichweite zu vergrößern, stelle ich dir in Kapitel 10 vor.

Die Inhalte deines Webinars

Ein Fehler, den viele Starter bei ihren Webinaren machen, ist es, schlicht und einfach so viele Informationen in diesen Online-Vortrag rein zu packen wie möglich.

Das ist vergleichbar mit vielen Vorträgen, die ich bereits bei unterschiedlichen Netzwerk-Veranstaltungen gehört habe, denen ich zwar gerne gelauscht und darin den ein oder anderen guten Tipp erhalten habe, aber keinerlei Veranlassung gesehen habe, hinterher mit dem Vortragenden Kontakt aufzunehmen.

Die Zielsetzung eines Webinars ist nicht, einfach nur zu zeigen, dass du als Coach Ahnung von deinem Thema hast.

Die Zielsetzung ist es, durch die Inhalte deines Webinars klar zu stellen

- wie wichtig es ist, das Thema, das du besprichst, anzugehen
- was es deine Zuhörer/Zuschauer kostet, wenn sie das nicht tun
- welche Auswirkungen das Thema auf andere Lebensbereiche hat
- wie sich das Leben der Zuhörer/Zuschauer ändert, wenn sie dieses Thema angehen
- warum du als Coach der/die richtige dafür bist, dieses Thema anzugehen

Zudem darfst du im Rahmen deines Webinars auch eine Informations-Lücke aufmachen. Es ist schlicht und einfach unmöglich, innerhalb einer Stunde ein Coaching-Thema komplett zu beleuchten. Daher beschränkst du dich bestenfalls auf ein Unterthema, auf das du tiefer eingehst und bleibst bei den weiteren Unterthemen an der Oberfläche.

Wenn du dann noch die richtigen Verknüpfungen zwischen diesen Themen bildest, wollen deine Zuhörer/Zuschauer auch über die oberflächlich beleuchteten Themen mehr wissen und realisieren, dass sie diese Unterthemen ebenfalls angehen müssen, um ihr Ziel zu erreichen.

Verkaufen im Webinar

Am Ende deines Webinars folgt dann der Verkaufs-Teil, der für den Verkauf von Online-Kursen anders aufgebaut ist als für den Verkauf von höherpreisigen Online-Coachings.

Online-Kurse verkaufst du in den meisten Fällen – vor allem bis zu einer Preisgrenze von ungefähr 800 Euro – per Link. D. h. deine Zuhörer/Zuschauer können direkt noch im Webinar den Link klicken und darüber deinen Online-Kurs bestellen.

Der gesamte Ablauf sieht dann wie folgt aus:

Online-Coachings zu einem höheren Preis verkaufst du, indem du am Ende des Webinars eine limitierte Anzahl an Erstgesprächen mit dir anbietest. Gerade als Starter brauchst du ab einem bestimmten Preisniveau das Erstgespräch vorab.

Der Ablauf sieht dann wie folgt aus:

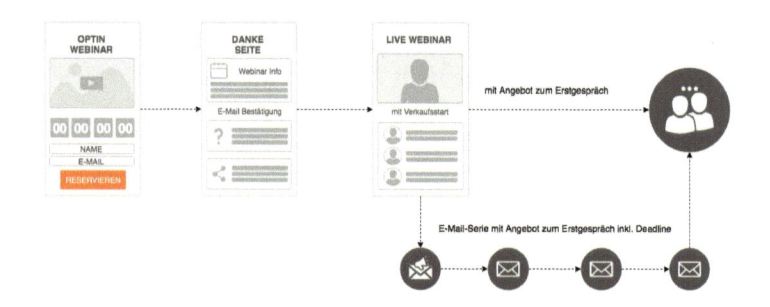

[Ablaufdiagramm: OPTIN WEBINAR → DANKE SEITE (Webinar Info, E-Mail Bestätigung) → LIVE WEBINAR (mit Verkaufsstart, mit Angebot zum Erstgespräch) → Erstgespräch. Darunter: E-Mail-Serie mit Angebot zum Erstgespräch inkl. Deadline]

Der Verkaufs-Teil deines Webinars muss durchdacht und bestmöglich orchestriert sein. Beim Verkauf von Online-Kursen zeigst du darin auf, was in deinem Online-Kurs an Inhalten (Modulen, Lektionen etc.) alles drin ist, welche Boni es von dir dazu gibt, wie die Garantie aussieht und was passiert, wenn sich deine Zuhörer/Zuschauer im Webinar direkt anmelden. Zudem darfst du dem Preis einen Rahmen setzen, so dass klar wird, dass dein Angebot vorteilhaft ist.

Beim Anbieten von Erstgesprächen kann der Verkaufsteil kürzer sein. Dennoch stellst du klar, dass es vorteilhaft ist, das Angebot zum Erstgespräch mit dir anzunehmen und limitierst die Anzahl. Gerade an der Stelle zögern viele, weil sie – wenn sie noch wenige Kunden haben – ja am liebsten so viele wie möglich Erstgespräche führen wollen.

Hier darfst du dir klar machen, dass für uns Menschen immer das attraktiv ist, was wir nicht jederzeit haben können. Zudem wertschätzt du deine Zeit, wenn du klarstellst, dass du nicht immer verfügbar bist, wenn dein Zielkunde gerade will.

Strategien für Fortgeschrittene

Wenn du gerade erst in dein Online-Coaching-Business startest, solltest du auf jeden Fall mit der Webinar-Strategie anfangen, deine Online-Coachings und Online-Kurse zu verkaufen. Auch wenn du glaubst, kein Webinar-Typ zu sein. Diese Verkaufsstrategie ist nachweislich diejenige, die für den Start und ohne E-Mail-Liste am besten funktioniert.

Eine komplette Anleitung dazu, wie du das in wenigen Wochen tust, findest du in meinem Online-Kurs »Online-Kurs-DNA – Online-Kurse und Online-Coachings ruck-zuck erstellen und erfolgreich verkaufen«.

Darin enthalten ist all meine Erfahrung aus über 2.300 verkauften Online-Coachings und Online-Kursen zwischen 19 und 7.500 Euro, meine Vorlagen für das perfekte Verkaufs-Webinar, die besten Webinar-Titel, einfach zu installierende Templates für Webinar-Anmeldeseiten und Salespages, E-Mail-Marketing-Vorlagen und vieles mehr, was dir die typischen Starter- und Alleinmacher-Fehler erspart.

Schau dir hier gerne an, was alles drin ist und wie ich dich dabei unterstütze, dein erstes Online-Coaching oder deinen ersten Online-Kurs erfolgreich zu erstellen und zu verkaufen: *https://business-celebrity.com/lp/online-kurs-dna*

Oder wieder einfach die Kamera deines Smartphones über diesen QR-Code halten und du gelangst auf die Landingpage:

Darüber hinaus will ich dir an dieser Stelle weitere erprobte Methoden vorstellen, über die der Verkauf von Online-Coachings und Online-Kursen sehr gut funktioniert.

E-Mail-Verkaufs-Sequenzen

Wenn du eine kleine E-Mail-Liste hast (100 Abonnenten reichen in den meisten Fällen bereits), kannst du immer wieder mit E-Mail-Verkaufs-Sequenzen neue Kunden gewinnen.

Allerdings gibt es dafür ein paar Voraussetzungen:

Vertrauen über Content Marketing

Die erste Voraussetzung dafür, dass E-Mail-Verkaufs-Sequenzen dir neue Kunden bringen ist, dass du zuvor zu den Menschen in deiner E-Mail-Liste Vertrauen aufgebaut hast. Das funktioniert für dich als Coach am besten über Content Marketing.

Welche Art von Content kannst du also an deine Zielkunden senden, um ihnen einen Mehrwert zu bieten und somit das Vertrauen zu dir kontinuierlich auf- und auszubauen? In welcher Form kannst du diesen Content liefern? Wird es ein kurzer wöchentlich erscheinender Podcast? Ein kurzes regelmäßiges YouTube-Video oder doch ein Blog-Beitrag?

Es geht nicht darum, einen regelmäßigen Newsletter zu veröffentlichen, um deine Zielkunden und Zielkundinnen über dich und dein Business auf dem Laufenden zu halten. Mit Verlaub: Das ist für niemanden da draußen von Interesse. Wir erhalten jeden Tag viel zu viele Informationen und auf dem Laufenden zu bleiben, gehört zum Tagesgeschäft. Warum sollte jemand darüber auf dem Laufenden bleiben wollen, was bei dir passiert?

Anstatt also einen weiteren Newsletter zu produzieren, darfst du dich stattdessen fragen, was du liefern kannst, um deine Zielkunden und Zielkundinnen einen ersten Schritt in Richtung der von ihnen angestrebten Transformation zu bringen.

Umstellung deines Newsletters auf wertbringende E-Mails

Wenn du bisher einen regelmäßigen Newsletter versendet hast – gern in der typischen Manier mit mehreren Links zu unterschiedlichen Artikeln und Informationen – heißt es für dich erst einmal, diesen Newsletter auf E-Mail-Marketing umzustellen.

In jeder künftigen E-Mail sollte es dazu am besten nur einen einzigen Link (gern mehrfach platziert, aber immer auf die gleiche Zielseite) geben. Es sollte bestenfalls nur eine Aktion geben, die dein E-Mail-Abonnent tun kann. Du erziehst somit deine Zielkunden dazu, den für dich gerade wichtigsten Link zu klicken und das zu tun, was du möchtest, dass sie tun.

Kein Anbieten eines kostenlosen Erstgesprächs überall auf deiner Website

Die meisten Coaches machen zudem einen entscheidenden Fehler. Sie bieten auf ihrer Website an jeder möglichen Stelle die Möglichkeit, jederzeit ein kostenloses Erstgespräche einzubuchen. Ich kenne genau eine Coach, bei der das halbwegs funktioniert und die ein bis zweimal monatlich darüber ein Erstgespräch gewinnt. Allerdings ist es für sie mühsam, diese Gesprächspartner in Kunden zu verwandeln, da diese unterschiedlichen Methoden und Schmerzpunkte haben, wenn sie in das Gespräch starten.

Wenn es sich bei dir so verhält, dass du wenige bis gar keine Buchungen eines Erstgesprächs darüber erhältst, dann empfehle ich dir, diese Möglichkeit sofort zu entfernen.

Mach das Erstgespräch mit dir zu etwas Besonderem, das nicht jederzeit verfügbar ist. Ein generisches Erstgespräch ist nicht attraktiv, selbst dann nicht, wenn es kostenlos ist, denn es spricht keinerlei Schmerzpunkt an.

Stattdessen: Kundengewinnungs-E-Mails

Was viel besser funktioniert als ein kostenloses Erstgesprächs-Angebot auf deiner Website sind Kundengewinnungs-E-Mails (also E-Mail-Verkaufs-Sequenzen).

Darin lädst du zu einem attraktiv benannten Erstgespräch (beispielsweise einer Strategie-Session, einer Breakthrough-Session o.ä.) ein und machst klar, warum es sich lohnt, dieses kostenlose Gesprächs-Angebot in Anspruch zu nehmen.

Der erste Schritt für viele Bewerbungen auf Erstgespräche bei dir ist dabei ein attraktiver Name. Der braucht nicht super außergewöhnlich oder kreativ zu sein. Klarheit geht immer vor Kreativität. Beispiele dafür wären die

»Mach den nächsten Karriere-Schritt-Session«, die »Traumjob-Finden-Session«, die ‚Mehr Kunden Breakthrough Session«, die »Raus aus dem Gedanken-Karussell-Session«, die »Deine Berufung leben-Session« oder die »Endlich schlank und vital Session«. Das gewünschte Ergebnis ist hier wichtig. Was wünscht sich dein Zielkunde von ganzem Herzen? Welches Problem löst du mit deinem Online-Coaching für ihn?

Werde also konkret. Schon klar: Nach diesem einen Gespräch, das ja noch dazu kostenlos ist, hat dein Zielkunde sein Ziel nicht erreicht. Er oder sie hat den Karriere-Schritt nach diesem Gespräch noch nicht gemacht, er hat das Gedanken-Karussell noch nicht beendet, er ist noch nicht schlank und vital. Das erwartet er aber auch nicht.

Was er oder sie am Ende dieser Session aber hat: Er weiß, was er tun kann, um sein Ziel zu erreichen. Er kann sich für eine Zusammenarbeit mit dir entscheiden und das bringt ihn auf den Weg zu seinem Ziel.

Im zweiten Schritt erklärst du, was in dieser Session passiert, denn auch wenn deine attraktiv benannte Session kostenlos ist, musst du deinen Interessenten davon überzeugen, sich darauf zu melden. Sie kostet nämlich Zeit. Und natürlich weiß dein Kunde auch, dass diese Session dazu da ist zu überprüfen, ob er mit dir zusammenarbeitet.

Erläutere also, was in dieser Session passiert. Du klärst darin, wo deine Zielkundin überhaupt hin will und welche Strategie die Richtige ist, um das Ziel zu erreichen (ja, dabei kann sich herausstellen, dass dein Online-Coaching nicht das Richtige ist).

Du deckst die offenen genauso wie die versteckten Herausforderungen auf, vor denen dein Zielkunde steht und gibst ihm neue Inspiration und Motivation dafür, sein Thema auch wirklich anzugehen.

Das größte Gut unserer heutigen Zeit ist die Zeit. Stelle also klar, dass es sich bei deinem attraktiv benannten Erstgespräch nicht um Zeitverschwendung handelt.

Begrenze im dritten Schritt die Anzahl der Sessions und den Bewerbungszeitraum, denn das bringt viele Menschen ins Handeln und macht dich selbst attraktiver, weil du nicht jederzeit zur Verfügung stehst.

Bücher

Einen regelrechten Wachstumsschub für mein Online-Coaching-Business gab es durch mein erstes im Eigenverlag auf Amazon veröffentlichtes Buch »Das perfekte Online-Marketing-Konzept für Coaches«. Es gibt dieses Buch sowohl als Kindle-Version wie auch als Taschenbuch, das im Print-on-Demand-Verfahren (also Druck nach Bestellung) gedruckt und ausgeliefert wird.

Spannenderweise habe ich nur kurze Zeit nach der Veröffentlichung dieses Buches ein weiteres Buch im Verlag veröffentlicht (»Mini-Handbuch profitables Coaching Business« im Beltz-Verlag) und somit einiges an eigener Erfahrung, wenn es darum geht zu entscheiden, ob du ein Buch eher selbst oder mit einem Verlagspartner veröffentlichen solltest.

Ein Buch im Online-Coaching-Business?

Doch zunächst einmal zu den Vorteilen deines eigenen Buchs und den Gründen, warum du auch im Online-Coaching-Business auf ein eigenes Buch setzen solltest.

Ein Buch – und zwar egal ob selbst veröffentlicht oder im Verlag – bildet und erhöht immer deinen Expertenstatus. Wenn du von dir sagen kannst, dass du Autor bist, kommt das der Wertigkeit eines Doktortitels gleich. Du hast damit gezeigt, dass du dich in ein Thema einarbeiten kannst und dass du Experte bzw. Expertin auf diesem Gebiet bist.

Ein Buch ist zudem ein hervorragendes Einstiegsangebot für deine Zielkunden, wobei hier bereits einzuschränken ist, dass sich ein selbstverlegtes Buch oftmals besser in dein Angebotsportfolio einfügt als ein Verlagsbuch.

Verlag oder Eigenverlag?

Wenn ich Verlagsbuch und selbst veröffentlichtes Buch vergleiche, gewinnt ganz klar Letzteres. Ich habe mit meinem selbst verlegten Buch nach der Veröffentlichung pro Monat zwei Kunden für mein Coaching-Business-Mastery Jahresprogramm für über 5.000 Euro gewonnen. Die Verkaufsgespräche dafür waren meist in 20 Minuten erledigt, denn durch das Buch war bereits klar, was ich biete, wofür ich stehe und was meine Kunden mit mir erreichen können.

Darüber hinaus gewinne ich mit diesem Buch durchschnittlich 25 Leads pro Monat. Zu diesen Kontakten baue ich Vertrauen auf und biete ihnen bei passender Gelegenheit einen meiner Online-Kurse oder weitere Angebote an.

Der dritte Vorteil des Buches ist, dass ich von Amazon jeden Monat Tantiemen ausgezahlt bekomme, von denen ich bei meinem Verlags-Buch nur träumen kann. Natürlich geht es hier nicht um große Beträge. Zum Zeitpunkt des Verfassens dieses Buches waren es ca. 300 Euro pro Monat, die ich in Werbung auf Amazon re-investiere, um somit »kostenneutral« neue Leads zu gewinnen.

Mit dem Buch auf Amazon fische ich zudem in einem anderen Teich mit wesentlich kauffreudigeren Kunden als die üblichen Social-Media-Plattformen. Denn Amazon besuchen viele ja bereits mit einer dezidierten Kaufabsicht.

Ist das nicht alles zu viel Aufwand?

Der Aufwand, dieses Buch zu erstellen, hat sich also mehr als gelohnt. Doch auch der muss nicht so groß sein, wie du ihn dir vorstellst. Tatsächlich habe ich mein selbst verlegtes Buch in gerade einmal drei Wochen geschrieben und du kannst dich gern auf Amazon davon überzeugen, dass es dennoch eine hohe Qualität hat. Ich habe mir für dieses Buch einige meiner Blog-Beiträge, Videoskripte und Podcasts, sowie einführende beschreibende Informationen aus meinen Online-Kursen genommen, diese in die richtige Reihenfolge und Struktur gebracht und sie dann an der ein oder anderen Stelle noch ergänzt bzw. mit dem passenden Vorwort und den notwendigen Erläuterungen versehen.

Ich will hier keineswegs Augenwischerei betreiben und dir erzählen, dass ein Buch zu schreiben keinen Aufwand bedeutet. Dennoch ist es heute keine »Lebensaufgabe« mehr und sollte auch keine Jahre bis zur Veröffentlichung dauern. Ich bin mir sicher, dass in jedem Coach da draußen ein Buch steckt.

Natürlich will ich auch die Veröffentlichung meines Verlagsbuches nicht missen. Ein Verlagsbuch ist bei vielen höher angesehen als ein selbstverlegtes Buch. Allerdings beobachte ich, dass die Frage »Verlag oder nicht« für viele Konsumenten nicht mehr die große Rolle spielt.

Einige mögen argumentieren, dass der Verlag bei der Vermarktung hilft und dafür sorgt, dass das Buch in den Buchhandlungen platziert wird. Als Erstlings-Autor darfst du hier jedoch die Augen öffnen und sehen, dass meist doch du selbst derjenige bist, der dafür sorgt, dass das Buch gekauft wird. Fairerweise muss ich zugeben, dass kurz nach der Veröffentlichung meines Verlagsbuches die Corona-Pandemie ausbrach und somit für einige Zeiten der Buchverkauf über die Buchhandlungen sowieso nicht möglich war.

Dennoch verliert das Verlagsbuch gerade auch im Hinblick auf die Tantiemen. Das was mir Amazon aktuell an Tantiemen monatlich auszahlt, kann ich vom Verlagsbuch wohl nur aufs ganze Jahr gesehen erwarten.

Leads und Kunden gewinnen mit Büchern

Aber warum ist das selbst verlegte Buch so viel besser als das Verlagsbuch? Ganz einfach: Weil du darin Links setzen kannst oder im Taschenbuch mit QR-Codes arbeiten kannst, die auf weiterführende

Angebote führen oder ein Strategie-Gespräch anbieten. Gerade wenn dein Buch in der Kindle-Version gekauft wird, sind diese weiterführenden Angebote nur einen Klick entfernt.

Die Leads gewinne ich aus dem Buch, weil ich eine dazugehörige Checkliste bzw. einen dazugehörigen kostenlosen E-Mail-Kurs anbiete, den sich viele sichern. Das Strategie-Gespräch biete ich all jenen an, die nach der Lektüre des Buchs den nächsten Schritt machen wollen und verlinke auf meinen Online-Kalender, um die Einbuchung so einfach wie möglich zu machen.

Zudem ist Amazon als Plattform für die Kundengewinnung noch längst nicht so überfüllt wie beispielsweise Facebook und hat Nutzer, die kaufen wollen, anstatt sich einfach nur in den sozialen Medien zu tummeln, um zu sehen, was der Freundeskreis so tut.

In einer nächsten Auflage des Verlags-Buchs werde ich jedoch ebenfalls mit QR-Codes arbeiten, um zu sehen, ob nicht auch ein im Verlag veröffentlichtes Buch zusätzlich zum Renommée auch Leads und Erstgespräche liefern kann.

Zusammenfassend hier ein Überblick über Vor- und Nachteile von selbst bzw. im Verlag veröffentlichten Büchern:

Verlags-Buch:

Vorteile:

- höherer Glaubwürdigkeit und angenommene Qualität
- Betreuung durch Lektorat im Verlag
- Cover-Gestaltung, Satz, Layout und Druck durch Verlag
- Vertrieb über Buchhandel (falls der Buchhandel das Buch abruft)

Nachteile:

- Lange Vorlaufzeiten bis zur Veröffentlichung
- Limitierte Vermarktungs-Möglichkeiten (Buchpreisbindung etc.)
- Medien-Bruch (Leser nutzen seltener QR-Codes oder Links, um weiterführende Infos zu erhalten)

Selbstverlegtes Buch (Amazon-Kindle-Strategie)

Vorteile:

- Schnelle Veröffentlichung möglich (3 Wochen sind sehr gut, 3 Monate immer noch hervorragend)
- Schreibprozess ohne Änderungswünsche durch Lektorat
- Klickbare Links im Kindle, bzw. QR-Codes im Taschenbuch
- Keine Druckkosten, da Taschenbuch im Print-on-Demand-Verfahren gedruckt wird
- Keine Lagerkosten

Nachteile:

- Keine Betreuung durch Lektorat
- Covergestaltung selbst zu übernehmen
- Funktionsweise von Amazon muss genau bekannt sein, damit das Buch zum Bestseller werden kann

Der größte Nachteil an der Veröffentlichung im Eigenverlag ist, dass du die Funktionsweisen von Amazon ganz genau kennen solltest, bevor du dein Buch dort veröffentlichst. Es ist nicht damit getan, dein Buch zu schreiben und über das Amazon-Autorenportal hoch zu laden. Die ganze Bandbreite der Vorteile eines auf Amazon veröffentlichten Buches ergibt sich meist erst, wenn es zum Bestseller geworden ist. Denn dann bewirbt auch Amazon dein Buch.

Dafür darfst du jedoch einer gezielten Strategie folgen, die dafür sorgt, dass dein Buch viele Bewertungen und viele Abrufe erhält. Wenn du mehr über diese Strategie erfahren willst, kannst du dir diese Fallstudie dazu anschauen: *http://business-celebrity.com/kindlewebinarever*

Oder du hältst die Kamera deines Smartphones auf folgenden QR-Code:

Challenges in Facebook-Gruppen

Wenn du bereits eine Gruppe auf Facebook hast, ist es eine gute Idee, in dieser Gruppe eine Challenge zu veranstalten, um dein Online-Coaching oder deinen Online-Kurs zu verkaufen. Wenn du noch keine Gruppe dort hast, aber deine Zielkunden sich auf Facebook aufhalten, kannst du natürlich auch eine neue Gruppe anlegen und füllen.

Bei einer Challenge lädst du deine Zielkunden und Zielkundinnen ein, über mehrere Tage hinweg ein bestimmtes Ziel zu erreichen, bzw. eine Herausforderung zu bewältigen (daher der Name Challenge = Herausforderung).

Dieses Ziel ist idealerweise ein erster Schritt auf dem Weg, die ganz große Herausforderung anzugehen, die du mit deinem Coaching lösen kannst. Der große Vorteil einer Challenge in deiner Facebook-Gruppe ist, dass du deine Teilnehmer in der Gruppe vernetzen und zur Interaktion aufrufen kannst, beispielsweise indem du dazu aufforderst, die Ergebnisse der aktuellen Tagesaufgabe zu posten.

Je mehr Teilnehmer du bei einer solchen Challenge hast, umso mehr Social Proof kreierst du damit und deine Teilnehmer sehen, dass sie nicht allein sind auf dem Weg ihre Herausforderung anzugehen.

Eine Challenge ist dabei gleichzeitig ein idealer Lead Magnet, denn auch für deine Challenge müssen sich deine Interessenten und Interessentinnen bei dir anmelden. Dazu nutzt du – wie immer – eine Landingpage, um die Namen und E-Mail-Adressen deiner Interessenten und Interessentinnen einzusammeln.

Deine Challenge hat am besten einen festen Starttermin, an dem du die erste Tagesaufgabe an deine Teilnehmer und Teilnehmerinnen versendest. Die Tagesaufgabe kannst du entweder als kurzes Video abdrehen oder auch einfach schriftlich per E-Mail versenden.

Am letzten Tag deiner Challenge versendest du dann das Angebot, sich für ein Erstgespräch bei dir zu melden oder einen Kurs bei dir zu kaufen. Das Angebot zum Erstgespräch sollte auch hier auf eine bestimmte Anzahl begrenzt sein und du darfst auch hier eine Bewerbungsfrist setzen.

Verkaufst du einen Online-Kurs darfst du beachten, dass dieser Kurs die logische Fortsetzung deiner Challenge sein sollte. Oder umgekehrt: Die Challenge sollte die Voraussetzung für deinen Kurs sein, mit der du all deine Challenge-Teilnehmer auf ein ähnliches Niveau bringst.

Erfolgsfaktoren für deine Challenge

Deine Challenge braucht einen festen Starttermin, um deine Interessenten und Interessentinnen ins Handeln zu bringen. Sie sollte mindestens 3 Tage aber nicht länger als 7 Tage dauern. Es gibt Challenges auch über 21 oder 30 Tage hinweg. Wenn es jedoch dein Ziel ist, am Ende der Challenge ein Erstgespräch bei dir anzubieten, würde ich dir raten, nicht zu viel Inhalt rein zu packen. Beachte, dass deine Teilnehmer und Teilnehmerinnen sich auch immer die Zeit für die Aufgabe »freischaufeln«.

Mach dir das Leben zudem nicht zu schwer, indem du sehr viele Inhalte in die Challenge reinpackst. Wichtiger ist, dass deine Teilnehmer/-innen jeden Tag einen kleinen Impuls bekommen und daraus etwas erkennen oder ins Handeln kommen. Winzige erste Schritte, die erste kleine Erfolge ermöglichen sind also wichtiger als umfangreiches und vollumfängliches Wissen.

Ideen für deine Challenge

Um deine Kreativität in Gang zu bringen, hier einige Beispiele für mögliche Challenges. Beachte, dass du gern auch 3 oder 5 Tage daraus machen kannst:

- In 7 Tagen zu mehr Leidenschaft
- 7 Schlüssel, um zu erreichen was du willst
- 7 Tage für Hausfrauen und Mütter endlich wieder das Leben zu leben, das Sie wollen
- 7 Tage, um deine Selbstzweifel zu beseitigen
- 7 Tage für künftig jeden Tag 2 Stunden Zeit für dich selbst und die Lust, diese zu genießen
- 7 Tage für ein stressfreies und gleichzeitig spannenderes Leben

- 7 Tage, um mit mehr Selbstvertrauen und Produktivität durch die Glasdecke zu stoßen
- 7 Tage Challenge: Nie wieder fremd im eigenen Körper

Das Potenzial von Challenges

Ich habe über Facebook-Challenges bereits große Erfolge verzeichnet und aus einer kleinen Teilnehmerzahl von gerade einmal 90 Personen, zehn Kunden gewonnen. Heute führe ich die Challenges mit bis zu 800 Teilnehmern durch.

Wenn du vor allem 1:1 coachst, muss das jedoch gar nicht dein Ziel sein. Eine gute Teilnehmerzahl für den Start ist 60 bis 70 Personen. Einige davon wirst du nicht zur Interaktion bewegen können, egal wie engagiert du bist. Das macht aber nichts. Wenn du am Ende dein Angebot zum Erstgespräch oder zu deinem Online-Kurs attraktiv verpackst, die Anzahl begrenzt und eine Bewerbungsfrist setzt, ist es sehr wahrscheinlich, dass sich Teilnehmer/-innen bei dir melden, die den nächsten Schritt gehen wollen.

Die besten Strategien, um Mitglieder für deine Facebook-Gruppe zu gewinnen

Zum Zeitpunkt des Verfassens dieses Buches ermöglicht Facebook es dir nicht, deine Facebook-Gruppe dort direkt per Anzeige zu bewerben. Um also Teilnehmer für deine Gruppe zu gewinnen, gilt es, etwas um die Ecke zu denken.

Meine erste Facebook-Gruppe habe ich zunächst ohne konkretes Ziel gestartet. Ich hatte einfach mitbekommen, dass Facebook-Gruppen in aller Munde sind und einfach eine angelegt. Dann habe ich den Link zu dieser Facebook-Gruppe jedoch auf die Danke-Seite meines Anmelde-Prozesses zu meinem Lead Magneten platziert.

Dieser kleine »Hack« hat mir sehr viele Mitglieder beschert und mir darüber hinaus keine zusätzlichen Werbekosten verursacht. Ich konnte zwei Fliegen mit einer Klappe schlagen. Zum einen gewann ich Abonnenten für meinen E-Mail-Verteiler, zum anderen Mitglieder für meine Facebook-Gruppe. Als ich dann gemerkt hatte, dass die Facebook-Gruppe Potenzial hat, habe ich Facebook-Nutzer auch per Direktnachricht mit einer sehr persönlichen Nachricht angeschrieben und ihnen die Mitgliedschaft in der Gruppe angeboten. Ich habe dazu einfach die Augen offengehalten, wer in meine Gruppe passen könnte und natürlich auch andere Gruppen dazu genutzt, unter deren Teilnehmer ich meine Zielgruppe vermutete.

Videotrainingsserien

Dieser Weg ist vor allem dann ein guter Einstieg in den Verkauf von Online-Kursen oder Online-Coachings, wenn du bereits eine kleine E-Mail-Liste aufgebaut hast und deine Abonnenten seit einiger Zeit betreust und bespaßt. Und wenn dein Online-Kurs mehr als 500 Euro kosten soll – gern auch bis 1.500/2.000 Euro. Schließlich sollte der Aufwand auch immer den Ertragsmöglichkeiten entsprechen.

Das Konzept dahinter stammt nicht von mir, sondern von einem gewissen Jeff Walker aus den USA, der dieses Konzept mit Namen »Product Launch Formula« sehr erfolgreich verkauft hat.

Es basiert auf der Annahme, dass es deine Zielkunden mehr anspricht, dein Online-Angebot zu kaufen, wenn du ihnen nicht eine einzige ellenlange Salespage mit allen Vorteilen zeigst, sondern die Inhalte dieser einen langen Salespage in eine dreiteilige Video-Serie verpackst und somit deine Zielkunden Schritt für Schritt an dein Online-Angebot heran führst.

Zudem bietest du deinen Zielkunden damit bereits vor dem Kauf sehr viel Mehrwert. Denn die dreiteilige Videoserie deklarierst du als kostenloses Videotraining. In diesen drei Videos machst du auch keinerlei Angebot, sondern bietest erst einmal Mehrwert. Erst im Bonus-Video 4 folgt dann dein Angebot der Teilnahme am Kurs bzw. zur Vereinbarung eines Erstgesprächs.

Ablauf der Videotrainingsserie

Die Videotrainingsserie besteht aus mindestens drei Content-Videos, sowie einem Verkaufs-Video. All diese Videos stehen auf separaten Landingpages, die du nach und nach miteinander verknüpfst, um auch denjenigen die beispielsweise erst bei Video 3 auf dich aufmerksam werden, das Anschauen von Video 1 und 2 zu ermöglichen. Über E-Mail-Marketing sorgst du dafür, dass deine Zielkunden die Videos zeitnah anschauen. Um deine E-Mail-Liste mit dieser Aktion zu vergrößern, kannst du vorab einen Lead Magneten anbieten oder auch die Videos selbst als Lead Magnet nutzen und hinter einen Anmelde-Prozess stecken.

Der Verkauf deines Kurses bzw. das Angebot zum Erstgespräch startet mit der Veröffentlichung deines Sales-Videos. Danach folgt nochmals eine E-Mail-Serie, die deine Interessenten mehrfach an den Kauf bzw. die Bewerbung erinnert und informiert, wann sich die Kurs-Türen bzw. das Bewerbungsfenster wieder schließen.

Hier siehst du einen grafischen Überblick über den Videotrainings-Funnel:

Verkauf über Video-Training

Erfolgsfaktoren der Videotrainingsserie

Ein paar wichtige Dinge sind bei dieser Art Launch zu beachten. Zunächst einmal sollten – wie bei jeder Verkaufsaktion – Lead Magnet, Videotrainings und Salesvideo – aufeinander abgestimmt sein. Es geht also nicht um eine lose Inhalts-Sammlung, sondern darum mit dem Lead Magnet bzw. der dreiteiligen Videotrainingsserie Interesse zu wecken und gleich darauf tiefer ins Thema einzusteigen.

Idealerweise sprichst du in der dreiteiligen Videotrainingsserie drei miteinander in Bezug stehende Probleme an, die du im jeweiligen Video auch gleich theoretisch löst. Du lieferst also dreimal Problem und Lösung, um dann in Video 4 das große Problem aufzumachen, das du mit deinem Kurs oder deinem Online-Coaching löst.

Das Verkaufs-Video

Das vierte Video ist also das Video, mit dem der Verkauf startet. Genau wie im Verkaufsteil eines Webinars darfst du auch hier einer strukturierten Vorgehensweise folgen.

Dein Video darf einige Voraussetzungen erfüllen, um möglichst viele Verkäufe zu erzielen:

- Es zeigt die Transformation, die möglich ist, wenn dein Zielkunde dein Kunde wird, anstatt aufzulisten, wie viele Module, Coaching-Sessions, Arbeitsblätter o. ä. enthalten sind
- Es enthält eine ganz persönliche Geschichte, wie entweder du selbst oder einer deiner Kunden, diese Transformation geschafft hat
- Es zeigt subtil, dass du Expertin/Experte in deinem Thema bist und belegt, dass du in der Lage bist, die Transformation zu

bewirken. Am besten durch Testimonials oder Referenzen von deinen Kunden
- Es erzeugt Dringlichkeit.
- Es enthält die wichtigsten Inhalte deines Angebots (inklusive Boni) immer in Bezug auf die Transformation, die du bietest.
- Es setzt den Preis in einen Bezugsrahmen, so dass deinen Zuschauern klar wird, dass du ein vorteilhaftes Angebot machst
- Es zeigt, wie es nach der Buchung weiter geht
- Es animiert dazu, spätestens bis zum Buchungsschluss zu kaufen

Um die Verkäufe anzuheizen, kannst du mit einem Schnellentscheider-Bonus arbeiten – dann werden die Buchungen vor allem zum Start eingehen. Oder du informierst darüber, dass die Buchungsfrist ausläuft – dann gehen die Buchungen vor allem zum Ende der Buchungsfrist ein. Typischerweise dauert die Buchungsphase zwischen 5 und 10 Tagen. Für den Start kannst du die Buchungsphase etwas länger machen, dann hast du mehr Möglichkeiten, flexibel darauf zu reagieren, wenn die Verkäufe noch nicht so eintrudeln, wie du es dir wünschst.

Für wen sich Videotrainingsserien eignen

Da ich die Verkaufsstrategie der dreiteiligen Videotrainingsserie bereits früh in meinem eigenen Business eingesetzt habe und mich damit von den ansonsten gängigen Verkaufsmethoden abgesetzt habe, werde ich bis heute immer wieder darauf angesprochen, obwohl ich diese Methode schon seit längerem nicht mehr im Einsatz habe.

Viele haben also ähnliche Gedanken wie ich sie damals hatte, als ich mich für diesen Verkaufsweg entschied:

- Wenn ich über Videos verkaufe, kann ich diese vorher abdrehen und muss nicht live in einem Webinar auftauchen.

- Wenn ich über Videos verkaufe, müssen nicht alle zu einem bestimmten Termin live ins Webinar kommen, sondern können die Videos innerhalb eines festgelegten Zeitraums anschauen.
- Wenn ich über Videos verkaufe, kann ich diese vorab in einem Studio und somit mit Teleprompter drehen und muss nicht erst noch lernen, wie ich im Video verkaufe.

Diese Gedanken sind absolut legitim. Aus heutiger Sicht und unter Betrachtung des enormen Aufwands und der Komplexität, die diese Verkaufs-Methode beinhaltet, rate ich dennoch jedem Einsteiger zunächst zur Starter-Strategie, also der Webinar-Strategie.

Wenn du deine Online-Kurse und Online-Coachings dann einige Male erfolgreich verkauft hast und das Erstellen der dazugehörigen Technik-Komponenten wie Sales- und Opt-In-Pages, Lead Magnete, Anzeigen und so weiter kein so großes Thema mehr für dich sind, kannst du diese Strategie gern ausprobieren. Du wirst damit gerade im deutschsprachigen Markt auf jeden Fall aus der Masse der Coaches hervorstechen.

Auto-Webinare

Automatisierte Webinare sind der logische nächste Schritt für dich, wenn du mit der Starter-Strategie und Live-Webinaren gestartet bist. Mit den Live-Webinaren überprüfst du, ob die Struktur deines Webinars verkauft, ob du den richtigen Schmerzpunkt bei deinen Zielkunden ansprichst und wie viele Webinar-Teilnehmer du im Regelfall benötigst, um einen Verkauf zu erzielen.

Wenn du diese Informationen aus Live-Webinaren gesammelt hast, kannst du mit automatisierten Webinaren loslegen. Denn dann kannst du auch ausrechnen, was dich ein Teilnehmer am Auto-Webinar kosten darf, damit sich der Verkauf deines Kurses oder Online-Coachings für dich rechnet.

Ich bin für den Start immer ein Fan davon, Zeit statt Geld zu investieren, um Webinar-Teilnehmer zu gewinnen, denn meine Erfahrung zeigt, dass Coaches, die kreativ werden, das eigene Netzwerk nutzen und gegebenenfalls sogar in den persönlichen Austausch gehen, um Teilnehmer zu gewinnen, in den meisten Fällen erfolgreicher sind. Zudem ist eine Anzeigenschaltung auf vielen Social-Media-Kanälen teurer, wenn du noch keine Bekanntheit und keine Community hast, als wenn deine Anzeige beispielsweise von vielen Menschen mit einem Like oder einem Kommentar versehen wird (Facebook, Xing, LinkedIn) oder wieder-gepinnt wird (Pinterest).

Eine kleine Beispielrechnung für Auto-Webinare

Nehmen wir an, du verkaufst einen Online-Kurs für 200 Euro netto. Abzüglich der Kosten für Mitgliederbereich, E-Mail-Marketing und deine weiteren Online-Technik-Tools bleiben 150 Euro Reingewinn.

Über dein Live-Webinar hast du festgestellt, dass jeder fünfte Webinar-Teilnehmer deinen Kurs kauft. Deine Verkaufsquote liegt also bei 20%. Jeder Webinar-Teilnehmer darf dich also maximal 30 Euro kosten (150 Euro geteilt durch fünf).

Nun fehlen aber noch die Kosten für die Akquise dieser Webinar-Teilnehmer, also die Eintragungs-Quote deiner Landingpage. Hierbei stellst du fest, dass von 100 Besuchern deiner Landingpage sich im Schnitt 40 tatsächlich anmelden. Für einen Webinar-Teilnehmer brauchst du also rund drei Landingpage-Besucher (gerundet).

Wenn du nun die 30 Euro, die ein Webinar-Teilnehmer für dich wert ist, durch drei teilst, erhältst du den Betrag, den du maximal für die Gewinnung eines Webinar-Teilnehmers ausgeben darfst. Das sind 10 Euro. Kostet dich die Akquise eines Landingpage-Besuchers also 10 Euro ist der Verkauf des Online-Kurses über dein Webinar ein Nullsummen-Spiel. Du erzielst weder Verlust noch Gewinn.

Somit ist klar, dass die Akquisition deiner Landingpage-Besucher und Webinar-Anmelder immer weniger als 10 Euro kosten sollte. Diesen Wert solltest du kennen, damit deine bezahlten Akquise-Aktionen erfolgreich sein können und nicht zur Geldverbrennung werden.

Der große Vorteil von Auto-Webinaren

Der größte Vorteil eines Auto-Webinars liegt darin, dass du – anders als beim Live-Webinar – nicht auf einen bestimmten Termin hinarbeiten musst, um genau an diesem Tag möglichst viele Teilnehmer live dabei zu haben. Stattdessen bietest du deinen Interessenten möglichst komfortable Webinar-Zeiten an, die für jeden individuell passen. Genau das ist mit automatisierten Webinaren möglich.

Im Grunde genommen kann ein Auto-Webinar für einen einzigen Teilnehmer ablaufen, denn es kostet dich nach einmaliger Einrichtung keinen weiteren Aufwand mehr.

Gleichzeitig leerst du deinen eigenen Terminkalender, der zuvor vielleicht sogar wöchentlich Live-Webinare enthielt. Wenn du also sichergestellt hast, dass dein Live-Webinar verkauft, kannst du den nächsten Schritt gehen und auf Autopilot umstellen.

Warum ich Startern nicht zu Auto-Webinaren rate

Auch wenn sich einige meiner Kunden über diesen Rat hinweggesetzt haben und sofort mit Auto-Webinaren gestartet sind: als Webinar-Einsteiger rate ich dir nicht dazu. Ganz einfach, weil du in Live-Webinaren viele Erfahrungen sammeln wirst und das Feedback deiner Zielkunden bekommst, was in deinem Webinar gut ankommt und was weniger. Es ist sehr wertvoll zu erfahren, welche Fragen deine Webinar-Teilnehmer stellen, welche Missverständnisse gegebenenfalls über dein Thema herrschen, was Zielkunden davon abhält zu kaufen und so weiter und so fort.

Die Technik ist am Ende nämlich nicht der ausschlaggebende Punkt, der zu mehr Verkäufen führt. Die Technik muss natürlich funktionieren. Das alleine reicht jedoch nicht aus. Auch wenn die Technik reibungslos läuft, ist das noch kein Garant für den Erfolg. Die ausschlaggebende Rolle spielt die Ansprache deiner Zielkunden. Kennst du ihren Schmerzpunkt genau, kannst du dich in sie hineinversetzen, kannst du sie ins Handeln bringen, bist du in der Lage ein unwiderstehliches Angebot zu machen? All das sind die Fragen, die deinen Verkaufserfolg beeinflussen.

Wenn du in Live-Webinaren erfolgreich verkauft hast, spricht jedoch absolut nichts dagegen, als nächstes auf Auto-Webinare umzustellen.

Showcase-Video

Wenn du bereits Showcases (Fallstudien), bzw. Testimonials oder Referenzen von Kunden hast, mit denen du erfolgreich zusammengearbeitet hast, bietet sich für dich auch der Dreh eines Showcase-Videos an.

In vielen Coaching-Nischen sind die »Erfolge« der Coachees zwar nicht immer in Zahlen messbar, dennoch sind sie mit einem Wert hinterlegbar. Denn was ist es wert, wenn deine Zielkundin endlich wieder durchschlafen kann, endlich nicht mehr gestresst ist, endlich wieder weiß, wofür sie lebt und was sie mit dem Rest ihres Lebens anfangen will oder endlich wieder ein glückliches Leben führt?

Was kostet es deinen Zielkunden, weiterhin übergewichtig zu sein und die besten Jahre mit seinen Kindern unbeweglich zu verpassen? Was ist es hingegen wert, einige glückliche und bewegliche Jahre länger auf dieser Welt zu verbringen?

Wichtig für ein solches Showcase-Video ist auch zu wissen, für was dein Kunde zahlt. Du rechnest als Coach keine Stundensätze ab. Die Zusammenarbeit auf Stundenbasis verhindert den Aufbau eines profitablen Coaching-Business. Du schreibst stattdessen eine Rechnung über die reale Möglichkeit, dass sich das Leben deiner Kunden so verändert, wie es sich ohne die Zusammenarbeit mit dir nicht hätte verändern können.

Dein Kunde bezahlt dafür, dass sich sein Leben ändert, nicht für Coaching-Sessions.

In einem Showcasevideo beschreibst du daher die Transformation, die dein Coaching für deinen Zielkunden ermöglicht. Du erzählst die »Vorher-Nachher-Geschichte« deiner Kunden.

Inhalte deines Showcase-Videos

Im Wesentlichen darf dein Showcase-Video folgende Fragen beantworten:

- Wer ist dein Kunde/deine Kundin und was macht er oder sie?
- Wie war die Situation vor der Zusammenarbeit mit dir?
- Warum hat er oder sie entschieden, mit dir zusammen zu arbeiten?
- Welche Befürchtungen hatte er oder sie vor der Entscheidung zur Buchung/zum Kauf?
- Was hat sich durch die Zusammenarbeit mit dir verändert (was ist das Ergebnis)?

Selbstverständlich kannst du in einem Video mehrere Showcases zeigen.

Ergebnisse sind dabei neben konkret messbaren Zahlen wie mehr Umsatz, mehr Kunden, mehr Gehalt beispielsweise auch »den Traumpartner finden«, das »nächste Karrierelevel«, »gesteigerte Team-Performance« oder »ein erfülltes Privatleben«.

Hinzu kommen weniger Gewicht, mehr Glück, weniger Schmerzen, mehr Mut, weniger Gedankenkarussell, weniger Stress, mehr Schönheit, mehr Erfolg, weniger Angst, weniger Druck, der Traumjob, die Traumfigur, das Traum-Business, mehr Leichtigkeit usw.

Ich rate nicht dazu, die typischen Coach-Ergebnisse zu nennen, wie »mehr Klarheit« und »gelöste Blockaden«. Auch wenn diese Ergebnisse in der Coaching-Szene bekannt sind, können viele Zielkunden damit nichts anfangen bzw. sind nicht bereit dafür zu bezahlen.

Gerade die weicheren, wenig messbaren aber positiven Ergebnisse wie gelöste Blockaden, Klarheit, aber auch Zufriedenheit und Glück sind weniger attraktiv, als die Vermeidung von negativen Auswirkungen, wie weniger Stress, weniger Streit, weniger Druck etc.. Negatives zu vermeiden, ist für Menschen immer wichtiger als einen Zugewinn zu erreichen.

Im Verkaufs-Teil deines Showcase-Videos bietest du die Vereinbarung eines kostenlosen Erstgesprächs an, dem du gerne einen attraktiven Namen gibst (wie bspw. Strategie-Session, »Endlich-Entstress-Session« o. ä.) und erklärst, was in diesem Gespräch passiert.

Das ist wichtig, um klarzustellen, dass dein Zielkunde den Vorteil hat, alleine durch das Gespräch einen Schritt weiter zu kommen.

In einem solchen Gespräch arbeitest du mit deinem Kunden immer an seinen Zielen, deckst die Herausforderungen auf, die er auf dem Weg zum Ziel zu bewältigen hat, gibst ihm neue Motivation durchzustarten und zeigst natürlich auf, wie du als Coach ihm dabei helfen kannst. Genau das, darfst du im Showcase-Video am Ende auch erläutern.

Verkaufs-Funnel Showcase-Video

Der Verkaufs-Prozess hinter dem Showcase-Video, also der Funnel, läuft wie folgt ab.

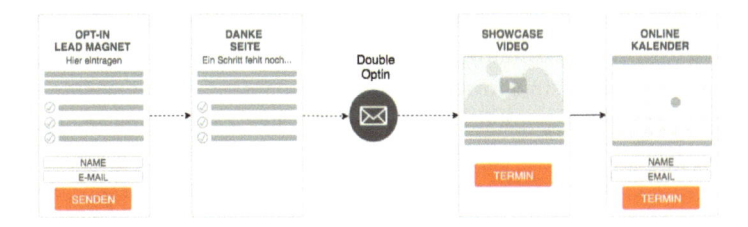

Du erstellst eine Landingpage (Opt-In-Page) auf der du das Showcase-Video anbietest. Deine Zielkunden müssen also ihre E-Mail-Adresse hinterlassen, um das Showcase-Video anzuschauen.

Auch hier ist es wieder wichtig, mit einer aufmerksamkeitsstarken Überschrift die Neugierde deiner Zielkunden zu wecken. Am besten funktioniert das mit Überschriften, die eine Anleitung anpreisen, also beispielsweise: »Wie Max Mustermann in nur 4 Wochen seinen Traumjob fand, obwohl er zuvor gar nicht wusste, wie er diesen hätte beschreiben sollen«.

Nach der Eintragung der Kontaktdaten gelangt dein Zielkunde auf eine weitere Landingpage, auf der er oder sie das Video abspielen kann. Darunter befindet sich ein Button, der zu deinem Terminkalender führt.

Dieser Button taucht auf der Landingpage auf, sobald du das Angebot zum Erstgespräch mit dir machst. Diesen kann dein Zielkunde nun anklicken und direkt einen Gesprächstermin über deinen Online-Kalender vereinbaren.

Einsatz des Showcase-Videos

Ich selbst nutze ein Showcase-Videos ausschließlich mit »warmen Kontakten«, zeige es also nur Menschen, die bereits mit mir interagiert haben oder sich in meiner E-Mail-Liste befinden.

Dennoch kann das Showcase-Video auch mit kaltem oder lauwarmem Traffic verwendet werden. Du würdest in diesem Fall also Anzeigen auf die Landingpage für dein Showcase-Video schalten. Je überzeugender dein Showcase-Video, umso mehr Menschen werden sich zum Gespräch mit dir melden. Hier gilt es wieder ganz genau zu beobachten, wie viel Werbebudget du brauchst, um einen Kunden zu gewinnen, damit du berechnen kannst, was du maximal ausgeben darfst und willst, um genau dieses Ziel zu erreichen.

Das ist auch der Grund, warum viele am Start auf diese Strategie verzichten.

Reichweite vergrößern, Traffic generieren

Egal was wir online anbieten – wenn niemand diese Angebote findet oder sieht, werden sie selbstverständlich auch nicht gekauft. Es ist also klar wie Kloßbrühe, dass du für deine Websites und Landingpages Traffic (=Besucher) brauchst. Wobei genereller Traffic nicht ausreicht. Um erfolgreich zu verkaufen, darfst du die richtigen Besucher – nämlich deine Zielkunden – auf deine Website ziehen.

Um deine Reichweite zu vergrößern und Traffic zu generieren, gibt es viele Möglichkeiten. In diesem Kapitel sprechen wir vor allem über die Social-Media-Kanäle, die für dich als Coach funktionieren.

Social Media – Fluch oder Segen?

Dass die sozialen Medien nerven können, ist wohl unbestritten. Es vergeht kaum ein Tag, an dem nicht über den Datenschutz auf Facebook, die Hass-Kommentare auf Twitter, Verschwörungs-Theorie-Videos auf YouTube oder nervige Akquise-Nachrichten auf LinkedIn diskutiert wird.

All diese Themen halten viele Coaches davon ab, die sozialen Medien strategisch zu nutzen und überlagern, dass diese Medien nun einmal unsere aktuellen Kommunikations-Wege dominieren.

Zudem vergessen viele bei aller negativer Kritik an einigen Plattformen, dass es vor ihrer Existenz einfach nicht möglich war, ohne große Kosten so viele Menschen zu erreichen. Millionen von Menschen tummeln sich in den sozialen Medien. Ein Siebtel der Weltbevölkerung, um genau zu sein. Es ist also ziemlich sicher, dass sich auch deine Zielkunden – also Menschen, die gerne von dir kaufen wollen – in den sozialen Netzen aufhalten.

Die sozialen Medien sind eine großartige Möglichkeit für dich, deine Sichtbarkeit zu erhöhen und gleichzeitig eine vertrauensvolle Beziehung zu deinen Zielkunden aufzubauen, die die zentrale Voraussetzung für den Verkauf deines Coachings oder Kurses ist.

Nicht jede Plattform für jede Zielkundschaft

Um die sozialen Medien nicht zum größten Zeitfresser in deinem Business werden zu lassen und sie stattdessen strategisch zu nutzen, gilt es zunächst herauszufinden, welche Plattform die richtige für dich ist.

Dazu darfst du dir zwei Fragen beantworten:

1: Sind meine Zielkunden dort?

Gleich vorab: Hier lasse ich eine Aussage wie »Meine Zielkunden sind nicht in den sozialen Medien« nicht gelten. Diese Aussage zeigt allein, dass du dich als Coach noch nicht mit sozialen Medien beschäftigt hast. Menschen mit allen Interessen, Hintergründen und Lebensumständen sind in den sozialen Medien zu finden. Mit Ausnahme vielleicht der Menschen ab 75 ohne Smartphone. Deine Aufgabe ist es jetzt, herauszufinden ob deine Zielkunden eher YouTube, Facebook, LinkedIn, Xing, Pinterest oder Instagram bevorzugen.

2: Entspricht die Plattform (halbwegs) meiner Persönlichkeit?

Alle Social-Media-Plattformen können mehr als man auf den ersten Blick sieht. Um sie erfolgreich zu nutzen, darfst du also tief einsteigen. Dazu sollte die jeweilige Plattform deiner Persönlichkeit entsprechen. Eher introvertierte Menschen sind auf Plattformen richtig, die nicht allein auf die soziale Interaktion setzen, sondern auf Grund von Keywords funktionieren, wie beispielsweise Pinterest oder auf denen es in Ordnung ist, vor allem Business-bezogene Informationen zu teilen (wie beispielsweise LinkedIn oder Xing).

Menschen, die die soziale und persönliche Interaktion lieben und gern auch über Fotos und Videos dokumentieren, was gerade in ihrem Business passiert, sind auf Facebook, Instagram und YouTube richtig.

Wenn du diese Zeilen liest, wirst du mit aller Wahrscheinlichkeit sagen, dass du zwar nicht komplett Typ 1 bist, aber einfach nicht den ganzen Tag in den sozialen Medien verbringen willst. Lass dir hier gesagt sein: Das lässt sich auf ein Minimum reduzieren.

Auch ich habe mich nie als besonders extrovertierten Menschen gesehen, der dauernd der Welt mitteilen muss, wie gerade das Mittagessen aussah. Ich hatte zudem aufgrund meiner direkten und trockenen Art zum Start einige Schwierigkeiten, eine Verbindung zu meinen Zielkunden aufzunehmen. Dennoch habe ich mit der Zeit gelernt, wie ich es schaffe, dass meine Zielkunden mit mir interagieren. Das hat mir nicht nur mehr Kunden gebracht, sondern auch einen gehörigen Schub in meiner Persönlichkeitsentwicklung gegeben.

Voraussetzung für den Erfolg in den sozialen Medien

Nachdem du sichergestellt hast, dass deine Zielkunden sich auf dieser Plattform befinden, geht es für dich vor allem darum, dich beständig und häufig zu zeigen.

Dabei machen viele einige entscheidende Fehler:

Sie haben nicht verstanden, dass die sozialen Medien im ersten Schritt kein Verkaufskanal sind, sondern ein Weg, um Zielkunden zu finden und eine Beziehung zu ihnen aufzubauen. Die größten Erfolge in den sozialen Medien haben diejenigen, die gar nicht vorhaben über diese Kanäle zu verkaufen.

Denn soziale Medien funktionieren wie eine große Party. Du gehst dahin, um dich zu unterhalten, neue Leute kennen zu lernen, hörst und erzählst Geschichten, stellst Fragen, interessierst dich für die anderen Gäste und stellst sie untereinander vor. Du gehst nicht auf die Party, um jedem Gast dort innerhalb kürzester Zeit etwas zum Kauf anzubieten.

Der direkte Verkauf deiner Angebote funktioniert nicht über die sozialen Medien. Ein direkter Post mit dem Aufruf, deinen Kurs zu kaufen oder ein Coaching bei dir zu buchen, wird nicht erfolgreich sein.

Um mit den sozialen Medien erfolgreich zu sein, brauchst du den zweiten Schritt – deine Verkaufskanäle (Funnel). Soziale Medien funktionieren also ganz wunderbar um deine Zielkunden zu deinem Webinar (also deiner Starter-Verkaufsstrategie) einzuladen, sie dazu zu ermuntern, sich für deinen E-Mail-Verteiler einzutragen, an deiner Challenge teilzunehmen, sich dein Video-Training oder auch dein Showcase-Video anzuschauen. Genau dann hast du deine Zielkunden in deinem Verkaufskanal.

Dieser erste Fehler führt in den meisten Fällen umgehend zum nächsten Fehler: Eine Plattform mal für ein paar Tage auszuprobieren, um dann festzustellen, dass sie nicht für dich funktioniert. Denn in dem Fall wurden mit an Sicherheit grenzender Wahrscheinlichkeit nur »Kauf-Mich«-Botschaften abgesetzt.

Und um dem Ganzen noch die Krone aufzusetzen, springen einige dann von einer Plattform zur nächsten, um dort nach dem schnellen Erfolg zu suchen, der jedoch auch dort ausbleibt.

Alle Social-Media-Kanäle setzen für deinen Erfolg voraus, dass du dich beständig und häufig zeigst, die Spielregeln der jeweiligen Plattform lernst und Neues ausprobierst.

Das klingt nun wieder nach der Verschwendung von viel Zeit in den sozialen Medien, nicht wahr? Nicht, wenn du eine weitere Prämisse berücksichtigst: Du bist als strategischer Nutzer der sozialen Medien kein Konsument, sondern Produzent von Inhalten.

Stundenlang durch deinen Newsfeed auf Facebook, Instagram oder LinkedIn zu scrollen, Videos auf YouTube anzuschauen oder Pins auf Pinterest zu betrachten, bringt dein Business nicht voran. Was dich voran bringt, ist deinen Zielkunden durch deine Inhalte in den sozialen Medien einen Mehrwert zu liefern.

Welche Plattform für wen?

Nachfolgend stelle ich dir die für dich als Coach wichtigsten Social-Media-Kanäle vor.

Zu jedem einzelnen könnte man wohl ein eigenes Buch schreiben, so vielfältig sind die Möglichkeiten. Daher an dieser Stelle die wichtigsten Fakten und einige Praxisbeispiele meiner Kunden, damit du für dich einschätzen kannst, welche Plattform du selbst nutzen kannst.

Wichtig: Für den Erfolg in den sozialen Medien ist es wichtig, dass du dich auf eine bis maximal drei Plattformen konzentrierst und dort jeweils tief einsteigst. Mehr als drei Plattformen nehmen dir den Fokus und kosten tatsächlich zu viel Zeit.

Facebook

Facebook ist der mit Abstand größte Player im Markt der sozialen Medien. Auf Facebook gibt es aktuell über 2,4 Milliarden aktive Nutzer (*https://allfacebook.de/toll/state-of-facebook*). In Deutschland sind es über 32 Millionen (*https://allfacebook.de/zahlen_fakten/offiziell-facebook-nutzerzahlen-deutschland*). 23 Millionen davon loggen sich jeden Tag in dieses Netzwerk ein.

Facebook ist damit auch für viele Coaches eine passende Plattform. Vor allem für all jene, die sich an Mütter/Frauen, Selbstständige, Leiter kleinerer Unternehmen, Angestellte oder Kreative richten und in den Themengebieten Ernährung, Fitness, Erziehung, Beziehung, Marketing, Stressbewältigung, Life-Coaching, Persönlichkeitsentwicklung und Finanzen unterwegs sind.

Weniger geeignet ist Facebook für das Erreichen von Führungskräften oder B2B (Business-to-Business) Zielgruppen mit Ausnahme der Selbstständigen und kleinen Unternehmen.

Praxis-Beispiele:

MBSR Coach (Mindfulness Based Stress Reduction) Michael Seibt hat über eine Facebook Anzeige zu seinem Webinar innerhalb von einem Monat 25 Teilnehmer für seine darin angebotenen Erstgespräche gewonnen. Er zielt auf Angestellte ab, die morgens wieder mit voller Energie aufstehen und sich vom Stress lösen wollen.

Business- und Mindset Coach für weibliche Unternehmerinnen Sabine Vogelsberg füllt ihre Mastermind-Gruppe über ihre eigene Facebook-Gruppe und nutzt dazu vor allem auch Facebook-Live-Videos.

Life Coach Bianka Maria Seidl, die Menschen von ihren Wurzeln in ihre Kraft führt, nutzt Facebook, um immer wieder neue Teilnehmer für ihre Webinare zu gewinnen. Ein gängiges Ergebnis für sie ist, dass sie aus 39 Live-Teilnehmern 3 Erstgespräche generiert und 3 ihrer Angebote verkauft.

Karriereglück-Coach Anke Hennigs hat 30 Teilnehmer über Facebook für ihr Webinar und am Ende ihre allerersten 4 Kunden für ihren Online-Kurs »Die Traumjob-Strategie« darüber gewonnen.

Instagram

Über Instagram kannst du ähnliche Zielgruppen erreichen wie über Facebook. Die Funktionsweise der Plattform ist jedoch anders. Vereinfacht gesagt, stehen bei Instagram eher Videos und Fotos im Vordergrund, während Facebook besonders auf die Vernetzung und den Austausch von Neuigkeiten gerichtet ist. Auf Facebook kann jeder Beitrag sehr einfach geteilt werden – was für alle, die Reichweite aufbauen wollen, sehr vorteilhaft ist. Instagram hat keine solche Funktion.

Auf Instagram herrscht ein sehr freundschaftliches Klima, die erfolgreiche Nutzung setzt jedoch viel Bildmaterial voraus.

Praxisbeispiel:

Life Coach Melanie Konrad nutzt unter anderem Instagram, um Teilnehmerinnen für ihr Webinar zu gewinnen, aus dem sie ihr 3-Monats-Coaching-Paket verkauft.

LinkedIn/Xing

LinkedIn und Xing sind so genannte berufliche Netzwerke, also Plattformen, die vorrangig auch im beruflichen bzw. geschäftlichen Zusammenhang genutzt werden. Xing hat dabei aktuell 16 Millionen, LinkedIn 13 Millionen Nutzer aus dem DACH-Raum (Deutschland, Österreich, Schweiz).

Diese Plattformen sind vor allem für all jene Coaches richtig, die sich an Geschäftsführer, Führungskräfte und größerer Unternehmen richten. So kann dort auch konkret nach Menschen gesucht werden, die in einem bestimmten Unternehmen arbeiten oder eine bestimmte Berufsbezeichnung (bspw. Geschäftsführer, Personalleiter, Marketingleiter, technischer Leiter etc.) haben.

Praxisbeispiele:

Valeria Hübner, Coach für Unternehmer, die ein werteorientiertes und skalierbares Business aufbauen wollen, gewinnt Teilnehmer für ihr Webinar über die Erstellung eines kostenlosen Events auf LinkedIn und die Ansprache ihrer eigenen Kontakte. Diese baut sie kontinuierlich über einen passenden Suchauftrag auf LinkedIn aus.

Coach für erfolgreiche IT-Projekte Dr. Gerhard Friedrich setzt auf Xing, um Teilnehmer für sein Verkaufs-Webinar zu gewinnen. Für sein erstes Webinar hat er dabei über 120 Anmeldungen generiert.

Pinterest

Hormon-Coach Rabea Kieß gewinnt Leads für ihren E-Mail-Verteiler vor allem über Pinterest. Dort suchen viele Frauen nach Wegen, um ihren Hormonhaushalt zu regulieren und darüber Gewicht zu verlieren. Einer ihrer Pins ging auf dieser Plattform viral und beschert ihr bis heute täglich neue Leads. So konnte sie in ihrem ersten Verkaufs-Webinar auf Anhieb 27 Verkäufe ihres »Hormon-Reset«-Kurses erzielen, im zweiten bereits 67.

Organisch oder bezahlt?

Ganz klar: Jeder Coach wünscht sich bei seinem Start in die Online-Welt möglichst schnell viele Abonnenten für seine E-Mail-Liste oder auf Anhieb viele Teilnehmer für sein erstes Verkaufs-Webinar. Der Aufbau der eigenen E-Mail-Liste ist eines der wichtigsten Ziele für jeden, der online Kundengewinnung betreibt.

Vergessen wird dabei jedoch gern, dass es für den Verkauf deiner ersten Online-Coachings und Online-Kurse gar nicht so viele Interessenten braucht. Wie du in den Praxisbeispielen bereits gesehen hast, reichen oftmals schon 20 Teilnehmer aus, um deine ersten Coaching-Pakete zu verkaufen.

Dein Ziel darf und soll es selbstverständlich sein, deine E-Mail-Liste sukzessive und kontinuierlich weiter aufzubauen. Eine Erwartungshaltung, dass bei deinem ersten Webinar bereits Hunderte von Teilnehmern dabei sind, ist jedoch meist kontraproduktiv und führt eher zu Enttäuschungen.

Jeder startet mit dem ersten Schritt ins Online-Coaching-Business, niemand startet mit einer großen Liste und großer Reichweite.

Die Online-Welt bietet immer wieder neue Möglichkeiten, deine Zielkunden anzusprechen. So erlebe ich immer wieder viele Coaches, die mir berichten, dass die vielgepriesenen Facebook-Anzeigen für sie selbst einfach nicht zu funktionieren scheinen. Ich kann das gut nachvollziehen, denn auch für mich haben sie bisher nie wirklich funktioniert und ich durfte eine Menge Lehrgeld zahlen.

Diese Tatsache hat mich jedoch dazu gebracht, viele weitere Möglichkeiten auszuprobieren. Schließlich ist Facebook nicht der einzige Kanal, über den du deine Zielkunden erreichen kannst.

Das wichtigste ist, dass du bereit bist, mit deinen Zielkunden in den Austausch zu gehen. Coaches, die dazu bereit sind und sich nicht rein hinter Landingpages und Websites verstecken, können immer Kunden gewinnen. Auf viele Arten und Weisen.

Ab wann sich Anzeigenschaltung lohnt

Egal ob auf Facebook, Instagram, Xing, LinkedIn, Pinterest oder auch auf YouTube: Für den Start in eine erfolgreiche Anzeigenschaltung darfst du bestimmte Voraussetzungen erfüllen.

Immer wieder erlebe ich Coaches, die eine Menge Geld mit Anzeigenschaltung verbrannt und dennoch keine Kunden gewonnen haben. Oder es tritt der Fall ein, den ich selbst auch schon hatte: ich gewinne zwar Kunden, aber der Preis dafür ist viel zu hoch.

Aus diesem Grund lohnt es sich, zunächst zu prüfen, ob du die notwendigen Voraussetzungen erfüllst, damit eine Anzeigenschaltung für dich zum Erfolg wird.

Voraussetzung 1

Es gibt eine Nachfrage für dein Online-Coaching oder deinen Online-Kurs. Das hast du überprüft, indem du bereits auf unbezahlte Art und Weise Kunden gewonnen hast. Vorher startest du auf keinen Fall in die Anzeigenschaltung. Oftmals stimmen die Angebote, die wir verkaufen wollen und das, was unsere Zielkunden gerne hätten, nämlich nicht überein. Gekauft wird aber nur das, was wirklich auch zu den eigenen Bedürfnissen passt.

Voraussetzung 2

Du hast dir ein Angebotsportfolio aufgebaut und bist in der Lage, deine Anzeigenschaltung schnell wieder zu refinanzieren. Am besten funktioniert das mit einem Einsteigerangebot für bis zu 49 Euro oder besser sogar für bis zu 19 Euro.

Nicht in allen Coaching-Nischen scheint es möglich, ein solches Einsteigerangebot zu machen. Es lohnt sich, hier jedoch länger drüber nachzudenken. Was immer funktioniert sind Vorlagen (beispielsweise für erfolgreiche Bewerbungen, das Kündigungsgespräch mit dem Chef etc.), Projektpläne (beispielsweise für die Lebensveränderung, das IT-Projekt o. ä.), Meditationen, Affirmationen, Pläne und so weiter.

Wenn du kurze Zeit nach dem Eintrag in deine E-Mail-Liste dieses Angebot machst und es gekauft wird, kannst du diese Einnahmen in weitere Anzeigenschaltung investieren und somit deine Reichweite immer weiter steigern, ohne dein Werbebudget auszureizen.

Die weiteren Angebote in deinem Portfolio sollten dann auf dieses Einstiegsangebot aufbauen.

Voraussetzung 3

Du kennst deine Zielkundschaft, weißt, welchen Experten oder bekannten Personen sie in den sozialen Medien folgen, nach welchen Keywords sie suchen oder welche Berufsbezeichnungen sie haben. Je nachdem auf welcher Plattform du wirbst, ist das wichtig, um deine Zielkunden zu finden.

Die beste Starter-Strategie für Anzeigen auf Facebook ist, die Fans anderer (meist US-amerikanischer Experten) zu targetieren. Auf LinkedIn und Xing ist es wichtig, die Berufsbezeichnung zu kennen und für Pinterest und Google brauchst du die Keywords, nach denen deine Zielkunden suchen, wenn es um die Lösung ihrer Herausforderung geht.

Voraussetzung 4

Du hast dir auf der sozialen Plattform, auf der du Anzeigen schalten willst, eine erste »Community« aufgebaut, dich also des Öfteren gezeigt und Beziehungen gebildet. Diese Voraussetzung senkt die Kosten deiner Anzeigenschaltungen, denn Anzeigen, die mit einem Like versehen, kommentiert oder sogar geteilt werden, erreichen mehr Menschen und werden von der sozialen Plattform als »relevant« eingestuft.

Voraussetzung 5

Du hast ein halbwegs valides Budget für deine Anzeigenschaltung. So gut wie jede soziale Plattform braucht ein oder zwei Tage, um zu lernen, wer deine Zielkunden wirklich sind und für wen deine Anzeige relevant ist. Es spricht natürlich nichts dagegen, einfach mal mit 100 Euro Werbebudget auf einem Kanal zu starten. In vielen Fällen bringt das bereits erste Ergebnisse. Meist vor allem auf Grund der eigenen Verbindungen in diesem Netzwerk. Um eine kontinuierliche Neukundengewinnung bzw. Leadgenerierung zu erreichen, darfst du jedoch kontinuierlich werben und deine Anzeigenkampagne immer wieder anpassen und verbessern.

Oftmals ist das nicht ohne Unterstützung von Spezialisten möglich, denn Anzeigenschaltung ist ein Thema, über das wir hier wohl das nächste Buch füllen könnten. Umso mehr muss für dich gewährleistet sein, dass du deine Anzeigenschaltung refinanzieren kannst, bestenfalls sogar inklusive der Kosten, die ein Anzeigenspezialist zusätzlich verursachen würde.

Weitere Methode zur Reichweitensteigerung

Wenn ich zurückblicke auf die Aktionen, die für mich viele Leads und einen echten Sprung in meinem Business-Wachstum gebracht haben, so waren das immer die Aktionen, die vermeintlich mit mehr Aufwand verbunden waren.

Alleine durch die Tatsache, dass mehr Aufwand dahintersteckte, konnte ich bereits aus der Masse hervorstechen. Zu solch aufwändigen Aktionen zähle ich die Veranstaltung eigener Online-Konferenzen (Kongresse) oder auch die Teilnahme an solchen, das Verfassen von Gastbeiträgen und Büchern, sowie das Betreiben eines YouTube-Kanals oder Podcasts.

Vor allem eigene Online-Konferenzen bringen dir viele neue Leads, wenn du dabei auf einige Erfolgsfaktoren achtest.

Online-Konferenzen sind virtuelle Konferenzen, bei denen du als Veranstalter deinen Teilnehmern dein eigenes, vor allem aber auch das Wissen anderer Experten zur Verfügung stellst. So arbeitest du gemeinsam mit den anderen Experten daran, Menschen zu erreichen, die sich für dein Thema interessieren.

Du lädst dazu deine Abonnenten, deine Fans, deine Community und dein Netzwerk ein und genauso machen das auch die Experten, die du bei deiner Konferenz zu Wort kommen lässt. Somit baust du deine E-Mail-Liste auf und bietest den Experten in deiner Konferenz im Gegenzug dazu die Möglichkeit, einen eigenen Lead Magneten zu verbreiten, bzw. ein Angebot zu machen.

Online-Konferenzen können in geschlossenen Mitgliederbereichen stattfinden oder du erstellst einfache Landingpages, auf denen du die Experten-Interviews als Video veröffentlichst.

Wichtig ist, dass du einen Anmeldeprozess für deine Konferenz erstellst, damit du diesen Link dann an alle Angemeldeten versenden kannst.

Zugegeben: Gerade in den letzten Jahren sind Online-Konferenzen wie Pilze aus dem Boden geschossen, aber das ändert nichts daran, dass sie eine großartige Möglichkeit sind, um deinen Zielkunden wertvolle Inhalte zu liefern, dich als Experte zu positionieren, Kontakte zu anderen einflussreichen Experten zu knüpfen und gleichzeitig deine E-Mail-Liste aufzubauen.

Mit meiner ersten Online-Konferenz konnte ich ein Jahr nach dem Start meines Business auf einen Schlag 700 E-Mail-Adressen einsammeln. Das war eine enorme Zahl für mich. Die Konferenz selbst war klein. Gerade einmal 7 Experten hatte ich dazu eingeladen, viele davon hatten keine große eigene E-Mail-Liste, haben aber sehr viel dafür getan, die Konferenz zu bewerben.

Auch wenn diese Konferenz im Vergleich zu den gängigen Konferenzen mit bis zu 50.000 Teilnehmern ein Winzling ist – für mein Business hat sie einen großen Unterschied gemacht.

Deshalb ist das hier auch ein Plädoyer für den vermeintlich schwierigeren Weg. Tatsächlich ist dieser nicht wirklich schwieriger, sondern eben einfach nur mit mehr Mühe verbunden. Der einfache hingegen ist meist überfüllt mit Glücksrittern, von denen am Ende nur ein Bruchteil erfolgreich ist. Der aufwändige Weg mag zwar länger dauern, ist dafür aber meist nachhaltiger.

Abschluss

Du kennst jetzt die Schritte, die du brauchst, um dein Online-Coaching-Business auf einfache Art und Weise zu starten. Leicht wird es vor allem dann, wenn du loslegst und Schritt für Schritt gehst. Auch wenn viele Begrifflichkeiten für dich neu sind und du an einigen Stellen noch nicht weißt, wie genau das alles funktioniert: mach dich auf den Weg. Auch ich hatte noch vor einigen Jahren noch nie eine Website von innen gesehen.

Der beste Zeitpunkt, um ein Online-Coaching-Business zu starten, war vielleicht bereits vor einigen Jahren. Der zweitbeste Zeitpunkt ist aber genau jetzt.

Ich wünsche dir ganz viel Erfolg dabei!

Deine Sonja

Danksagung

Wie sehr uns doch gerade in herausfordernden Zeiten auffällt, welch großartige Unterstützer wir haben. Ich für meinen Teil kann sagen, dass ich ein großer Glückspilz bin. Denn ohne die Unterstützung vieler Menschen wäre ich nicht da, wo ich heute bin. In meinem Traumleben und meinem Traumbusiness.

Ich danke meinem Ehemann, für den Gleichberechtigung kein Modewort, sondern völlig selbstverständlich ist. Ich danke meinen Eltern, die mich immer unterstützen, egal wie verrückt meine Ideen gerade mal wieder sind. Besonders meiner Mutter, die nicht selten ihren Terminkalender danach plant, wie sie mich, meine Schwester und unsere Familien am besten unterstützen kann. Ich weiß, dass das gerade in der heutigen Zeit absolut nicht selbstverständlich ist. Meinem Papa, weil er so viel Spaß daran hat, mit unseren Jungs zu handwerken und mir von klein auf gezeigt hat, dass Unternehmertum eine großartige Sache ist. Meiner Schwester danke ich, weil sie Verständnis für meine Eskapaden hat und einfach eine großartige Patentante ist. Meinem Neffen bin ich dankbar für seinen liebevollen Umgang und die Geduld mit meinen Jungs.

Ich danke meinen Schwiegereltern, insbesondere meiner Schwiegermutter, die es mit viel Liebe schafft, mich, meinen Mann und unsere Familie zu unterstützen, obwohl sie nicht gerade um die Ecke wohnt. Danke, dass du ein so aufmerksamer Mensch bist und das auch an deinen Sohn weiter gegeben hast. Meiner Schwägerin danke ich ebenfalls für ihre Aufmerksamkeit als prima Patentante.

Der lieben Gabi danke ich, weil sie eine großartige, immer flexible Kinderfrau und wohl die fitteste Ersatz-Oma auf diese Welt ist.

Danksagung

Meinem Partner Patrick danke ich, weil ich mit ihm endlich den passenden geschäftlichen Deckel gefunden habe, durch welchen die Suppe in Wallung kommt.

Zudem danke ich allen meinen Kooperationspartnern: Mit euch macht das Ganze noch zehnmal mehr Spaß!

Auf viele weitere erfolgreiche Jahre!

Anhang

Online-Coaching-Angebote und Online-Kurse zur Inspiration

Für viele, die noch neu in der Online-Welt sind, ist es schwierig sich vorzustellen, wie die eigenen Online-Coaching-Angebote oder Online-Kurse aussehen können. Für deine Inspiration zeige ich daher hier einige ausgewählte Online-Angebote meiner Kunden auf

Online-Coachings

Ernährung

AYUR NATURAL RHYTHM COACHING von Ayurveda-Coach Martina Steinemann

Weniger Stress mehr Energie – Dauer 8 Wochen

Beschreibung:

Wie wäre es, wenn du mit der richtigen Ernährung und Lebensweise deinen Stress reduzieren kannst und somit wieder voller Energie bist?

Du:

- bist energielos, gestresst und kannst oft nicht schlafen?
- hast Angst einen Burnout zu erleiden?
- hast ständig Kopfschmerzen, Verspannungen und kommst innerlich nicht zur Ruhe?
- leidest unter Verdauungsbeschwerden, wie Verstopfung, Blähungen, Reizdarm oder Durchfall?

Ich helfe dir mit Ayurveda:

- erholsamer zu schlafen, damit du morgens voller Energie für den Tag aufwachst
- deinen Stress zu reduzieren, um einen Burnout zu vermeiden
- innerlich wieder zur Ruhe zu kommen, damit du weniger Verspannungen und Kopfschmerzen hast
- deine individuelle Ernährungs- und Lebensweise zu finden, damit du dich jederzeit wieder selbst in Balance bringen kannst
- deine Verdauungsbeschwerden in den Griff zu bekommen, damit du deine Mahlzeiten wieder genießen kannst und nicht ständig mit einem Blähbauch umherläufst

In diesen 8 Wochen-Programm lernst du:

- wie du mit der richtigen Ernährung und Lebensweise deinen Stress und die damit verbundenen Beschwerden reduzieren kannst
- wir schauen uns an, welcher Stresstyp du bist, wie du auf Stress reagierst und wie du mit Stress in Zukunft besser umgehen kannst, damit es nicht zu einem Burnout kommt

- wieder mehr Energie für dein Leben zu haben

Mehr dazu: *https://martina-steinemann.de/ayur-natural-rhythm-weniger-stress-mehr-energie*

Der fooducation® MASTERPLAN // In 90 Tagen zu mehr Leistungsfähigkeit – von Julia Zichner

Hast Du das Gefühl, Dein Leistungspotenzial trotz Trainingsplan nicht so richtig auf die Straße zu bekommen? Keine Sorge, damit bist Du nicht allein. Dass Du bereits strukturiert trainierst, ist wunderbar. Doch gelingt das beste Training nicht, wenn mit dem Treibstoff etwas nicht stimmt. Vermutlich klemmt nur etwas in Sachen Ernährung. Die gute Nachricht: Das Problem lässt sich sogar mit Genuss lösen.

Ich zeige Dir, wie sich Dein Essverhalten ändern sollte, damit Du Training und Ernährung perfekt aufeinander abstimmen und somit Deine gesteckten Ziele erreichen kannst. Nach einer fundierten Analyse erarbeiten wir Deinen individuellen Masterplan. Du weißt danach, worauf Du achten solltest und lernst, die Vorschläge entspannt und intuitiv umzusetzen.

Mit dem fooducation® MASTERPLAN, Deinem In-90-Tagen-zur-maximalen-Leistungsfähigkeit-Paket, bekommst Du genau das, was Du brauchst, um Deine Ernährungsstrategie zu Deinem sportlichen Ziel zu finden.

Das Paket beinhaltet:

Mich als Sporternährungsexpertin an deiner Seite, die dich Schritt für Schritt durch den Optimierungsprozess begleitet. Ich gebe Dir als Dein Food-Coach stets Feedback, so dass Du schnell lernst, worauf Du achten solltest.

Die wichtigsten Informationen zu den Grundlagen in puncto Nährstoffe, damit Du verstehst und demzufolge auch besser entscheiden kannst, was Du wann und in welcher Menge zu Dir nehmen solltest.

Wie Du Deinen Masterplan immer wieder neu in die Praxis umsetzt und schon beim Einkaufen klug entscheidest und Dir leckere Basisrezepte zunutze machst oder Dich unterwegs clever versorgst.

Mehr dazu unter: *http://www.fooducation.de*

Stressbewältigung

WIE DU AUCH IN UNSICHEREN ZEITEN GERN FÜR DEINEN JOB AUFSTEHST von MBSR Coach Michael Seibt

Finde ohne Erschöpfung durch den Alltag und gewinne Zeit für dich, ohne dass Beruf und Beziehung leiden

In diesem Online-Coaching kannst du in acht Wochen einüben, wie du aus Stress, Erschöpfung und negativen Selbstgesprächen herausfindest.

Du bekommst über einen dazugehörenden Online-Kurs acht Wochen lang Anleitungen mit Meditationen und alltagsnahen Übungen, die dir helfen, deine Haltung gegenüber dem, was dich stresst, Schritt für Schritt zu ändern und deinen Gedanken nicht alles zu glauben, was sie behaupten.

Mehr dazu: *www.mbsr-coaching-tuebingen.de*

STRESS-LESS-COACHING-PAKET von Bettina Bergmann

Das Stress-less-Coaching führt dich zu einem resilienten Leben, indem du dich deutlich stärker und zufriedener fühlst. Du bist widerstandsfähiger gegen Stress.

Durch unsere gemeinsame Arbeit wirst du:

- deine Schutzfaktoren kennenlernen, die dir helfen, deine Probleme zu lösen,
- dir deine Grundbedürfnisse bewusst machen und dadurch erkennen, was deine Unzufriedenheit auslöst,
- gesunden Optimismus entwickeln,
- erfahren, welche Rolle Bindungen in deinem Leben spielen,
- den Weg von Frust zu Lebensfreude finden durch Akzeptanz.

Dauer: 3 Monate

Mehr dazu: *https://bettina-bergmann.de*

Business

HIGH PERFORMANCE SAP Projekt-Coaching – In 3 Stufen zum agilen Projekt

Du als SAP-Projektleiter

- suchst nach Unterstützung, um dein neues SAP-Projekt vom Start weg mit der agilen Methodik richtig aufzusetzen?

- willst dein Team hinter sich bringen und die richtigen Entscheidungen während des Projekts treffen, um deinen Auftraggeber zufriedenzustellen?

Dann ist mein High Performance SAP-Projekt-Coaching das Richtige für dich.

Darin

- entwickeln wir dein ganz persönliches Mindset zur richtigen Balance deiner Kompetenzen
- entwerfen wir zielgerichtet eine agile Struktur für jedes neue Projekt
- steigern wir den agilen Reifegrad im laufenden Projekt und fokussieren dein Team auf das Ziel des Projektes

Wenn dein SAP-Projekt bereits läuft, allerdings nicht wie geplant, entwickeln wir dein ganz persönliches Mindset zur richtigen Balance deiner Kompetenzen, steigern den agilen Reifegrad im laufenden Projekt und fokussieren dein Team auf das Ziel des Projektes

Mehr dazu: *https://www.uwe-stoerzinger.de*

MEHR-KUNDEN-PAKET FÜR EINZELKÄMPFER von Petra Paegelow

Du bist Einzelkämpfer und hast zu wenig Kunden? Keine Panik. Denn als Erfolgs-Expertin zeige ich dir deine ganz eigene persönliche maßgeschneiderte Strategie für langfristig mehr Kunden und damit mehr Umsatz und Erfolg.

So dass du ein starkes Plus an Lebensqualität erfährst, dich endlich bestätigt fühlst in dem, was du gerne tust und ab sofort angstfrei in die Zukunft blickst.

Kundenakquise geht nämlich leicht und ich zeige dir, wie sie wirklich funktioniert!

Dauer: 3 Monate

Mehr dazu auf *www.petrapaegelow.de*

FÜHRUNGSKRÄFTE AKADEMIE. IN 180 TAGEN ZUR CHARISMATISCHEN FÜHRUNGSPERSÖNLICHKEIT
von Martina Miciecki

Treiben Ihre Mitarbeitenden Sie regelmäßig auf die Palme und Sie fühlen sich wie im Kindergarten? Können Sie sich gar nicht auf das Wesentliche konzentrieren, weil Ihre Zeit und Energie ständig wegen nervigen Kleinigkeiten verpufft? Haben Sie Bauchschmerzen, wenn Sie nur an ein Mitarbeitergespräch denken, und glauben, Sie schaffen das nicht? Das geht vielen so, aber das muss nicht sein! Es gibt vieles, was Sie tun können, um wieder energiegeladen und motiviert zu führen.

Ich zeige Ihnen, wie Sie die charismatische und souveräne Führungspersönlichkeit in Ihnen zurückgewinnen können. Gemeinsam erarbeiten wir Ihr individuelles Programm. Sie wissen somit jeden Tag, was zu tun ist, um wieder in Führung zu sein und Ihr Team zu Höchstleistungen anzuspornen.

In der Führungskräfte Akademie zeige ich Ihnen, was es braucht, um Sie wieder erfolgreich in Führung zu bringen.

Das Programm beinhaltet:

- Schritt-für-Schritt-Anleitungen, wie Sie Mitarbeitergespräche richtig führen und aus Ihrem Team ein Dreamteam machen
- Übungen, wie Sie mit Stress und Druck umgehen können um gelassen und motiviert zu bleiben, auch wenn es im Alltag hektisch wird
- Methoden, mit denen Sie Ihr Führungsverhalten reflektieren können, um noch wirkungsvoller zu führen
- Zusammenarbeit mit mir als Coach an Ihrer Seite, die Sie gezielt und empathisch durch den erfolgserprobten Prozess führt und auf Ihrem Weg zur charismatischen und souveränen Führungspersönlichkeit begleitet

Weitere Infos: *https://mm-coach.me*

Unternehmens-Erfolgspaket »ERFOLGREICHE AUSLANDSENTSENDUNGEN« – von Thomas Spatz

Sie entsenden Ihre Mitarbeiter ins Ausland? Sie schnüren attraktive Pakete für Expats und Ihre Familien? Sie organisieren Vorab-Besuchsreisen und Interkulturelle Trainings und trotzdem scheitern viele Entsendungen? Gescheiterte Entsendungen sind mit hohen Kosten und Arbeitsaufwand verbunden und im Nachgang oftmals mit Kündigungen durch Mitarbeiter, wenn sich herumspricht, dass der Mitarbeiter »gescheitert« ist.

Mit meinem Online-Coaching-Programm unterstütze ich weltweit, mitreisende Partner und Expats bei Themen, die nicht durch ein Unternehmen gelöst werden können.

Ich helfe den Coachees in ihrem persönlichen Bereich. So können sich die Mitarbeiter im Ausland auf Ihren Einsatz für das Unternehmen konzentrieren, ihre Leistungsziele erfüllen und somit die Entsendung erfolgreich gestalten.

Vorteile:

Ich bin Experte für erfolgreiche Auslandsentsendungen. Meine Erfolgsformel lautet: Hinter jedem erfolgreichen Unternehmen stecken leistungsfähige und motivierte Mitarbeiter. Hinter jedem erfolgreichen Mitarbeiter steht ein starker Partner.

Ich stärke Expats und ihre Partner. Ich begleite sie in den kritischen Phasen einer Entsendung von der Entscheidungsfindung ins Ausland zu gehen bis zur Rückkehr nach Deutschland.

Themenbeispiele für

Expats: Partner fühlt sich nicht wohl im Ausland; Boykott durch lokale Mitarbeiter (wenn der Expat ein Mehrfaches der lokalen Mitarbeiter verdient); etc.

Expat Partner: Unzufriedenheit aufgrund des geplanten Einsatzortes (anstatt Los Angeles geht es nach Peking); Frustration bei Beschaffung des Dependant-Visa (abhängig, unselbständig, untergeordnet), Identitätsverlust wenn der Partner seinen Job kündigt um mitzureisen; Überforderung bei der Organisation (Schule in Deutschland ab- und im Ausland anmelden, fehlende Sprachkenntnisse); etc.

Mehr unter: *https://thespatz.de*

Finanzen

Das Coaching für »FINANZIELLE KOMPETENZ« von Jörg Uhlenbrock

Es gibt kaum noch Zinsen für Dein Geld und die Inflation nagt auch noch an Deinem Ersparten. Du willst Dein Geld vermehren, stattdessen wird es eher weniger. Das Thema Geldanlage ist für Dich ein Buch mit sieben Siegeln? Ich weiß, was Du durchmachst und wie Du Dich fühlst.

Ich zeige Dir, wie Du Deine finanzielle Kompetenz entwickelst. Du wirst das 1x1 des Geldanlegens beherrschen und Dein Vermögen aufbauen und sichern.

Dieses Coaching-Paket für »Finanzielle Kompetenz« zeigt Dir genau, was es braucht, um die eigenen Finanzen im Griff zu haben und beinhaltet:

- Die Fähigkeit, finanzielle Ziele zu setzen und zu erreichen
- Die Fähigkeit, eine sinnvolle Strukturierung Deines Vermögens vorzunehmen
- Die Fähigkeit, Wichtiges von Unwichtigem zu unterscheiden
- Die Fähigkeit, herauszufinden, wie Rendite entsteht
- Die Fähigkeit, Angebote auf Seriosität selber überprüfen zu können
- Die Fähigkeit, Angebote zu prüfen und nachrechnen die können
- Die Fähigkeit, die richtigen Anlageentscheidungen zu treffen
- Die Fähigkeit, die Verantwortung für Dein Geld selber tragen zu können

Dieses Coaching-Paket für »Finanzielle Kompetenz« liefert:

- Ein Grundlagengespräch über 60 Minuten
- Ein gemeinsam erstellter individueller Finanzplan
- Jede Woche online ein Grundlagenseminar
- Das 1x1 des Geldanlegens
- Ein wertvolles Rechentraining
- Das Erkennen von inneren Saboteuren
- Eine Liste von handverlesenen Buchempfehlungen
- Mein Know-How aus über 30 Jahren Berufserfahrung als unabhängiger Finanzdienstleister, Finanzcoach und Fachdozent

Die Investition beträgt 479 Euro zuzüglich gesetzlicher Mehrwertsteuer pro Monat. Die Mindestdauer ist 3 Monate, um einen nachhaltigen Erfolg zu ermöglichen.

Ich bin Jörg Uhlenbrock, Fachdozent und Finanzcoach. Seit über 30 Jahren helfe ich Menschen, souverän und mit guten Gewissen mit Geld umzugehen. Als unabhängiger Finanzdienstleister berate ich Menschen bei Kapitalanlagen. Es geht dabei um den erfolgreichen Aufbau und Erhalt von Vermögen.

Mehr dazu unter: *www.uhlenbrock-gmbh.de*

MIT DEM BIS© PREMIUM-PAKET ZUM FINANZIELLEN DURCHBRUCH von Eva Hartmann

Klarheit für Business, Strategie, Finanzen

- Denken Sie »Da geht noch mehr!«?

- Ist Ihr Geschäftsmodell lückenhaft bzw. haben Sie je Ihr Geschäftsmodell konsequent auf den Prüfstand gestellt?
- Gezielt systematisch Ihre Möglichkeiten hinsichtlich Marktstrategie, Skalierbarkeit und Monetarisierungsgeschwindigkeit optimiert?

Sie können entwickeln, produzieren und arbeiten, in Krisenzeiten Ihr Geschäftsmodell überdenken so viel Sie wollen. Solange Sie nicht über das richtige Business-Modell verfügen, werden Sie weiter Ihre Energie verschwenden und nicht wirklich erfolgreich sein.

Das richtige Geschäftsmodell entscheidet über Erfolg oder Niederlage!

Extrem erfolgreiche Unternehmer und Gründer entscheiden sich nicht nur dafür, auf welchem Feld sie spielen wollen, sondern wie sie gewinnen werden. Mit dem perfekten Geschäftsmodell fokussieren Sie Ihre Energie, binden Ihre Kunden an sich und steigen unweigerlich zum Marktführer auf. Genau das gelingt Ihnen mit dem speziell für diesen Zweck entwickelten Tool von Denkzeuge®.

In 90 Tagen ist Geld für Sie kein Thema mehr für Sie!

Ziele, die Sie erreichen können:

- Skalierbarkeit – Sie entwickeln Produkte/Dienstleistungen als skalierbare Geschäftsmodelle
- Schnelligkeit – Sie sind schneller als die Konkurrenz
- Erkenntnis – Sie erkennen verborgene Strategie-Lücken in Ihrer Produkt- oder Dienstleistungsidee
- Anregungen – Sie erhalten Anregungen, wie Sie diese Lücken schnell und zielgerichtet schließen können

Inhalte:

- Motivanalyse IMA©
- Verschiedene Sensoren
- Coaching
- BIS©
- WhatsApp Gruppe
- 12 Q & A Calls
- E-Mail Support

Mehr dazu: *http://www.eva-coacht.de*

Frauen

RAUS AUS DEM SCHATTENDASEIN – ZURÜCK IN DIE BALANCE von Birgit Heinemann

- Du arbeitest hart, aber es ist nie genug?
- Du hältst die Familie zusammen, aber die Anerkennung siehst du nicht?
- Du schläfst schlecht und denkst an die Dinge, die erledigt werden müssen?
- Und eigentlich hast du es dir ganz anders vorgestellt?
- Du weißt, es ist Zeit, das zu ändern.

Von mir lernst du, wie du systematisch deinen ganz eigenen Weg findest. Gemeinsam erarbeiten wir deinen Individuellen Plan, der dich mit Unbeschwertheit und Leichtigkeit erfolgreich macht.

Danach wird sich sehr Vieles verändern. Das Verhältnis zu deiner Familie, Freunden und Kollegen. Du wirst zufriedener und ruhiger sein, gestärkter und ausgeglichener.

Das 90 Tage Programm beinhaltet:

- Mich als Coach an deiner Seite, die dich durch einen erfolgserprobten und bewährten Prozess führt und dir Raum für deine Ängste und Sorgen gibt.
- die 3 erfolgreichsten Kommunikations-Fähigkeiten, die du in jeder Beziehung oder Partnerschaft anwenden kannst
- Wie du deine Balance zurückgewinnst, ohne dabei deine Familie oder andere dir wichtige Dinge zu vernachlässigen
- Wie du effektiver und effizienter sein kannst. Du wirst vielleicht erstaunt sein, was auf einmal möglich ist.

Link: *http://heinemann-coaching.de*

Marketing

Premium-Marken Mentoring: DEIN BRANDING AUF DEM NÄCHSTEN LEVEL – von Andrea Verspohl

Fehlt deinem Auftritt Stil und Charakter? Statt jubelnde Kunden zu begrüßen, kämpfst du mit Marketing-Chaos und Ratlosigkeit? Keine Sorge, es gibt eine Methode, mit der du deine Brand selbstsicher führst, ohne dich ständig von wechselnden Marketing-Trends, deinen Mitbewerbern und der Meinung zahlloser »Experten« aus dem Konzept bringen zu lassen.

Ich zeige dir, wie du mit deinem Business Schritt für Schritt ein starkes Markenprofil entwickelst. Eine Marke zu führen, heißt auch in ein größeres Bild deiner selbst hinein zu wachsen als Mensch und Unternehmer*in. Im Laufe unserer Zusammenarbeit lernst du, deine Werte in Worten, Bildern und Handlungen so klar und eigenwillig zu kommunizieren, dass die richtigen Kunden von selbst auf dich zukommen. Am Ende des Prozesses stehst du sicher im Zentrum deiner Marke und führst dein Business strategisch und gleichzeitig mit dem Herzen.

Im Premium-Marken Mentoring arbeite ich intensiv und sehr persönlich mit dir. Die einzelnen Module sind exakt aufeinander abgestimmt. Gleichzeitig bleibt genügend Freiraum für deinen individuellen Prozess und für die Fragen und Herausforderungen auf deinem Weg.

- Du erarbeitest die Schlüsselkonzepte für eine starke und nonkonforme Positionierung
- Du findest relevante Autoritätsverstärker für deinen Expert*innenstatus
- Du verleihst der Stimme deiner Marke, Klang und Gewicht und findest polarisierende Markenbotschaften.
- Du entwickelst das Look and Feel deiner Marke und definierst Farben, Formen, Bildsprache und Textbausteine für eine hohe Wiedererkennbarkeit.
- Du baust das virtuelle Haus deiner Marke und formulierst eine Einladung an deine perfekten Kunden.
- Du planst eine Marketing- oder Verkaufsaktion im Sinne deiner Markenführung. Ich helfe dir nicht nur bei der Planung, sondern sorge mit sanftem Nachdruck dafür, dass du auch dranbleibst und strukturiert umsetzt.

Mehr dazu unter: *https://andreaverspohl.com*

Online-Kurse

Stressbewältigung

»WEG MIT DEM STRESS – ENDLICH SOUVERÄN JOB UND ALLTAG MEISTERN!« von Anja Deilmann

Wie Du in nur 4 Wochen glasklar erkennst, was wirklich jeder über Stressbewältigung wissen muss.

Was dir dieser Kurs bringt:

- Motiviert, leistungsfähig und gesund leben (Stressfaktoren transformieren)
- Mehr Energie für die täglichen Herausforderungen (Kraftvoller den Tag beginnen und beenden)
- Familie, Beruf- und Privatleben harmonisch und stressfrei unter einen Hut bringen (Innere Balance und Gelassenheit finden)
- Intelligenter und veränderter Umgang mit Stress und Druck im Alltag (Frühwarnsystem im Körper verankern)

Dieser Kurs hat nur ein Ziel:

Dir den Weg so einfach wie möglich zu bereiten, zu deinem Ziel zu kommen, »Weg mit dem Stress – endlich souverän Job und Alltag meistern!«

»Weg mit dem Stress« ist genau das Richtige für dich, wenn du:

- Endlich wieder ruhig durchschlafen willst, um wieder kraftvoll und mit voller Energie arbeiten zu gehen

- Dich präventiv davor schützen willst, um nicht am Ende im eigenen Hamsterrad krank zu werden
- Die dauernde Anspannung ablegen willst
- Dich endlich dazu überwunden hast, mehr Struktur, mehr Selbstvertrauen, mehr Wohlbefinden und mehr Achtsamkeit dir selbst gegenüber zu geben (ich verspreche dir, es ist nicht so schwer, wie du es dir vorstellst)

»Weg mit dem Stress« ist nicht das Richtige für dich, wenn du:

- Nicht bereit bist, die Zeit in dich zu investieren
- Noch abwarten möchtest, ob sich das Problem nicht doch von alleine löst
- Noch gar keine Veranlassung siehst, aktiv etwas anzugehen

Link zum Anbieter: *https://anja-deilmann.de*

Link zum Kurs: *https://anja-deilmann.coach/online-kurs-stressbewaeltigung*

STRESS LASS NACH! von Katrin Hormann

Für immer mehr Gelassenheit & Lebensfreude in kleinen 5-Minuten-Schritten, die auch in Deinen Alltag passen

Was dir dieser Kurs bringt:

wohltuend abschalten

Du wirst endlich wieder wohltuend abschalten und regelmäßige Erholungszeiten auch wirklich genießen. Das macht Dich wunderbar gelassen und geduldiger im Umgang mit Deinen Lieben, während Du gleichzeitig klarer, entschiedener und leistungsfähiger im Job bist.

einfache Methoden

Du lernst einfache, bewährte und erfolgserprobte Methoden, um Deinem Stress zu begegnen und wirklich passende Regeneration zu finden – auch wenn Du gar nicht weißt, wann Du Dich jetzt auch noch darum kümmern sollst.

wieder Du selbst sein

Weil Du Zeit für Dich hast, wirst Du besser schlafen und Dich körperlich wohler fühlen. Kurz: Du wirst wieder mehr Du selbst sein.

Dieser Kurs hat nur ein Ziel: Dir den Weg raus aus dem Stress so leicht wie möglich zu machen, damit Du besonders mit einem vollen Kalender ausgleichende Gelassenheit genießen kannst!

Dieser Kurs ist genau für Dich, wenn...

- Du die aktuelle Ausnahmesituation nutzen willst, um dafür zu sorgen, dass Gelassenheit Teil Deines »New Normal« nach der Krise ist
- Du jetzt genug davon hast darauf zu warten, dass sich von alleine mehr Entspannung einstellt
- Du Dich mit der Sehnsucht nach Urlaub nicht mehr zufriedengeben willst, sondern verstanden hast, dass Deine Lebensqualität von Deinem Alltag und nicht Deinem Urlaub definiert wird
- Du zu denen gehören willst, die die Krise als Chance zum Umdenken nutzen und als Trendsetter für eine gelassenere Lebenshaltung vorangehen willst. Ich verspreche Dir, dafür musst Du nicht alles hinschmeißen!

Dieser Kurs ist nichts für Dich, wenn...

- Du keine Veranlassung siehst, Deinen Stress zu reduzieren, weil Du davon ausgehst, dass Dein Leben nach der Krise in ruhigeren Bahnen laufen wird
- Du weiterhin alles geben willst, was Du hast, weil Du viel mehr aushältst als die meisten um Dich herum. Auftanken und schlafen kann man, wenn man alt ist.
- Du (noch) nicht bereit bist, Dich mit Fragen zu Deinem persönlichen Stress-Geschehen auseinanderzusetzen und spielerisch einer bewährten Anleitung zu folgen, die Dir mehr Gelassenheit beschert
- Du noch etwas aushalten willst/kannst und nicht das Gefühl hast, dass Du Dich um eine Reduzierung Deines Stresses kümmern darfst – schließlich geht es vielen um Dich herum genau so

Was mach Stress-lass-nach! besonders? Der Stress-lass-nach! Online-Kurs ist anders als ein Entspannungskurs und auch als ein Einzel-Coaching!

Stress-lass-nach! ist speziell auf Dich zugeschnitten. Weil ich verstehe, dass besonders die ersten Schritte zu einer nachhaltigen Entlastung sehr schwer sein können, mache ich Dir den Anfang besonders leicht. Wenn Du noch gar nicht weißt, wie Dein Ausgleich eigentlich aussehen sollte, findest Du in diesem Kurs die Antwort. Das ist ein großer Unterschied zu Entspannungskursen verschiedenster Methodik. Stress-lass-nach! Online-Kurs setzt nicht voraus, dass Du schon weißt, was Dir guttut.

Lange bin ich selbst auch in einem ziemlichen Hamsterrad gerannt. Auf der Autobahn des Lebens bin ich so schnell gefahren, dass ich kleine Abfahrten auf Stress-Umgehungsstraßen gar nicht wahrgenommen habe. Außerdem neigte ich stark dazu, die Erholung im Gegenteil von dem zu suchen, was ich hatte: Der Management-Job in der Unternehmensberatung war anstrengend? Vielleicht sollte ich umschulen auf Landschaftsgärtnerin? Von der Verantwortung für die Familie, den Haushalt und Co. dachte ich, mich am besten mit einem De Luxe Wellness Programm erholen zu können.

Durch meine persönliche Burnout-Erfahrung vor fünf Jahren habe ich gelernt, dass es nicht um schwarz-weiß/ganz-oder-gar-nicht geht. Unser persönliches Sowohl-als-auch macht uns zum/*r Held/*in unserer Gelassenheit! Seitdem kenne ich die Kraft der kleinen Schritte und weiß, dass es gar nicht so viel braucht, wie man denkt, um den entscheidenden Unterschied für sich zu machen.

Heute bin ich dankbar, dass meine Ehe dieser Krise nicht zum Opfer gefallen ist und ich meinen Kindern die gelassene Mama sein kann, die ich sein möchte. Gleichzeitig verfolge ich ambitioniertere berufliche Ziele als jemals zuvor und trage große Verantwortung in der Arbeit mit meinen Klienten – und zwar mit großer Freude, Leichtigkeit und einer guten Portion Gelassenheit.

Mehr dazu: *http://www.katrinhormann.de*

Marketing

CLEVERE POSITIONIERUNG FÜR EINZELUNTERNEHMER von Maik Richter

Schritt-für-Schritt-Anleitung, um deine Wunschkunden magisch anzuziehen

Was dieser Kurs dir bringt:

- Es kommen von sich aus mehr deiner Wunschkunden zu dir: du hast mehr Freude an deinem Business und kannst gut davon leben.

- Durch die Stärkung deiner unverwechselbaren Markenpersönlichkeit musst du weniger tun, um mehr zu erreichen: mehr von dem, was dein Leben wirklich bereichert.
- Eine Schritt-für-Schritt nachvollziehbare Anleitung und meine Unterstützung bei der praktischen Umsetzung, damit du jede Hürde auf deinem Weg spielend nimmst.
- Du kennst die Bedeutsamkeit deiner Positionierung als Fundament deines Business
- Du besitzt Klarheit über deine unternehmerischen Ziele und Visionen
- Deine Mission wird sichtbar und fühlbar: für dich, aber auch für deine Kunden
- Du hast den Mut, konsequent deinen eigenen Weg zu gehen, um dein Herzensthema in die Welt zu bringen
- Du entwickelst dich weiter in Richtung deiner starken Markenpersönlichkeit, mit der du weniger tun musst, um mehr zu erreichen
- Du findest deinen perfekten Zielkunden und erstellst für ihm ein passgenaues Angebot, das er nicht nur braucht, sondern auch unbedingt haben will
- Du steigerst deine anerkannte Expertise bei deinen Wunschkunden
- Durch deine Nutzen-Kommunikation machst du aus Besuchern Interessenten und aus Interessenten Kunden
- Du bringst alle Komponenten zusammen und erarbeitest deine ganz persönliche unverwechselbare Positionierung
- Du integrierst erste Teile deiner Neu-Positionierung in dein aktuelles Business und bist bereits mitten in der erfolgreichen Umsetzung

Dieser Kurs hat nur ein Ziel:

Dich und dein Unternehmen so leicht wie möglich clever zu positionieren.

Damit du mit weniger Anstrengung mehr Wunschkunden anziehst und dein Business erfolgreicher und sinnerfüllter wird!

Der »CLEVERE POSITIONIERUNG« – Online-Kurs ist genau richtig für dich, wenn du...

- Die aktuelle Ausnahmesituation nutzen willst, um dein Herzens-Business auch in der Zeit »danach« erfolgreich voranzubringen
- Unabhängig von der Corona-Krise auch zukünftig nach deinen Regeln arbeiten willst, egal von wo
- Eine klare Schritt-für-Schritt-Anleitung möchtest, mit der du sorgsam zu deinem Ziel geführt wirst
- Mehr Leichtigkeit in dein Business bringen willst, damit du dich für mehr Wunschkunden weniger anstrengen musst
- Endlich gut von deinem Business leben möchtest
- Schon etliche Kurse besucht und dir viel Wissen angeeignet hast, aber dir die praktische Umsetzung noch nicht so recht gelungen ist
- Dich in einer Gruppe Gleichgesinnter gerne austauschen und Kontakte knüpfen möchtest

Der »CLEVERE POSITIONIERUNG« – Online-Kurs ist nicht das Richtige für dich, wenn du:

- Keine Veranlassung siehst, dein Business anzupassen, weil du glaubst, dass nach der Krise wieder alles so wie vorher sein wird
- »geheime« und »todsichere« Geschäftsideen erwartest, mit denen du über Nacht reich wirst

- Glaubst, es wird schon alles alleine werden, auch ohne, dass du etwas veränderst
- In dich und deine berufliche Zukunft keine Zeit und kein Geld investieren möchtest
- Nichts dafür tun möchtest, um hinter dein Business ein bewährtes System zu stecken, das für automatisch mehr Kunden sorgt

Mehr zum Kurs: *https://maikrichter.com/lp/kurs200907_sales*

AKQUISE FÜR KREATIVE von Susanne Diemann

Wie du in 3 Wochen neue Kunden gewinnst

Professionelle Selbstvermarktung, Kontaktaufnahme und Akquisitionsarbeit ist für viele Kreative im Berufsalltag eine ganz besondere Herausforderung.

Gerade in der aktuellen Wirtschaftskrise sind vielen Designern, Illustratoren, Textern und Fotografen wichtige Projekte, Aufträge und Kunden weggebrochen.

Jetzt müssen viele Kreativ-Branchen umdenken, sich anders aufstellen und anfangen zu lernen, wie man Akquise betreibt, um Umsatzeinbrüche auszugleichen.

Viele Kreative wissen nicht, dass es neben Social Media und Online-Marketing auch den Weg der Direktakquise gibt, um den Wunschkunden ganz individuell mit einem jetzt passenden Angebot anzusprechen.

In diesem Online-Kurs lernst du:

- Wie du deine erste erfolgreiche Akquise-Kampagne, die dich unabhängiger von zufälligen Kundenanfragen macht.

- Eine erprobte Methode, um deine Wunschkunden gezielt anzusprechen, auch wenn du Akquise nicht magst und kein Vertriebsprofi bist.

- Eine SCHRITT-FÜR-SCHRITT nachvollziehbare ANLEITUNG mit meiner Unterstützung in diesem Prozess, damit dir jede Hürde – auch die Angst vor einem »NEIN« genommen wird.

Nutze die Krise zu deinem Vorteil, denn die meisten deiner Zielkunden brauchen jetzt Innovationen, die durch Kreative entwickelt werden. Gerade jetzt ist der beste Zeitpunkt, dich mit deiner Akquise-Strategie zu beschäftigen und zu lernen, wie du deine Kunden so ansprichst, dass sie mit dir zusammenarbeiten wollen. So wirst du mit Leichtigkeit in deine Akquise gehen und kannst deine Kunden souverän von deiner kreativen Leistung überzeugen.

Der Kurs ist genau richtig für dich, wenn du

- Unabhängig von Social Media auch künftig direkt Kundengewinnung betreiben willst.

- Zu den Vorreitern in deiner Nische gehören willst, weil du dich traust, nicht abzuwarten, sondern dein Business zu stärken in dem du unternehmerisch handelst.

- Deine Positionierung schon steht, du schon einige Zeit auf dem Markt bist und bereits eine Website und Referenzkunden hast.

Der Kurs ist nicht richtig für dich, wenn du

- Weiterhin wartest, bis Kunden von allein auf dich zu kommen.

- Nicht bereit bist, hinter deine Kundengewinnung eine Strategie zu entwickeln, die für mehr Kunden sorgt.

- Noch keine eindeutige Positionierung hast und nicht weißt, was deine Kernkompetenzen sind.

Wie unterscheidet sich der Kurs von einem Online-Workshop oder einem Einzel-Coaching:

»Akquise für Kreative« ist speziell auf dich als Soloselbstständige*r in der Kreativbranche zugeschnitten. Du lernst über 3 Wochen in deinem eigenen Tempo und kannst dich aktiv auf deine persönliche Akquise-Strategie vorbereiten. Der Vorteil gegenüber einem Online-Workshop ist, dass du sofort in die Umsetzung kommst.

Dadurch, dass du durch ein Gruppen-Coaching betreut wirst, investierst du viel weniger als bei einem Einzelcoaching.

Mein Ziel ist es, dich in dieser speziellen Situation mit deinem Kreativ-Business voran zu bringen, damit du auch nach dieser Krise für eine gute Auftragslage sorgen kannst.

Weitere Infos unter: *https://www.starkammarkt.de*

Business

PLAN YOUR PROFITS! Online-Kurs mit Petra Paegelow

So machst du das Jahr zu deinem absoluten Erfolgsjahr!

- Du hast deine Zahlen fest im Blick!
- Du hast ein Instrument, das es dir ermöglicht jederzeit zu kontrollieren, ob du noch auf Erfolgskurs bist und gegebenenfalls rechtzeitig deinen Kurs zu korrigieren!
- Du blickst motiviert und erfolgssicher in die Zukunft!
- Du hast einen konkreten Fahrplan für dein erfolgreiches Geschäftsjahr, der dir die Richtung gibt und Sicherheit.

In diesem Kurs bist du richtig, wenn du

- Einzelkämpfer bist, also Selbständiger oder Freiberufler
- dir mehr Erfolg mit deinem Business wünschst
- gerne erfolgreich und wohlhabend wärst, dich stattdessen aber ständig getrieben fühlst von all den Anforderungen deines Business und deiner Kunden, deines Alltags und deiner Familie
- wohlhabend und erfolgreich sein willst ohne dabei auszubrennen
- darüber hinaus auch wieder mehr Zeit haben willst für dich selbst und deine eigenen Bedürfnisse
- dir ein erfolgreiches und erfülltes Leben wünschst mit einem nachhaltig profitablen Business und ausreichend Zeit für dich selbst und deine eigenen Bedürfnisse

Mehr zum Kurs auf *www.petrapaegelow.de*

DER ENTSCHEIDUNGSBOOSTER FÜR DEIN BUSINESS! von Michaela Forthuber

In 180 Tagen zum erfolgreichen Unternehmer.

Du hast zu viele Informationen, Optionen und Herausforderungen in deinem Business? Bist unsicher und unklar welches der nächste und richtige Schritt ist? Egal ob du gerade am Anfang stehst oder schon in voller Fahrt unterwegs bist, es gibt eine Menge, was du für deinen Erfolg tun kannst.

Ich zeige dir, die Strategie-Revolution für deine erfolgreichen Business-Entscheidungen. Der leichte und sichere Weg zu deiner entschiedenen und fokussierten Umsetzung. Gemeinsam erarbeiten wir deinen individuellen Plan zum erfolgreichen Unternehmer. Du wirst mit dem Erfolgsstrom schwimmen und wissen was zu tun ist, auch wenn du dir das gerade noch nicht vorstellen kannst.

Der Entscheidungsbooster zeigt dir in Zeiten von Unsicherheit und Unklarheit, wie du klar entscheiden kannst. Du erfährst alles über die 3-Schritte Strategie-Revolution. Über die 5 häufigsten Fehler, warum du falsche oder keine Entscheidungen triffst. Wie du deinen Fokus hältst und in die Umsetzung kommst hin zum erfolgreichen Unternehmer.

Mehr dazu unter: *https://michaelaforthuber.com/produkte*

Bewegung

MEIN PERSÖNLICHER WEG ZU MEHR BEWEGUNG
von Cornelia Brückner

Warum du dabei sein musst? Weil du dann

- dein WARUM kennst und garantiert dran bleibst – nie wieder schlechtes Gewissen.
- genau weißt, wie du dein Training planen musst, damit du all deine Vorlieben, Launen und Wünsche berücksichtigst.
- weißt, welcher Fitness-Typ du bist und worauf du achten musst, um dranzubleiben
- weißt, was dich auszeichnet, welchen Zeitplan du dir setzen kannst und auf welche Art du Spaß beim Training hast.

Der Kurs ist perfekt für dich, wenn du

- dich mehr bewegen willst, aber Disziplin und Zeit zu deinen größten Herausforderungen zählen.
- immer wieder mal anfängst aber nicht dranbleibst und das ändern möchtest.

- Motivationstipps sowie Tricks für den Alltag möchtest, damit »vornehmen – tun – aufhören« zu deinen vergangenen Gewohnheiten zählt.
- »manchmal« etwas dazwischenkommen lässt und dich deswegen das schlechte Gewissen plagt.
- dem Teufelskreis »Training vor der Arbeit ist zu früh, nach der Arbeit bin ich zu müde und gehe lieber auf die Couch« ein Ende bereiten willst.
- deine Bequemlichkeit und Müdigkeit in den Griff bekommen und obendrein einen starken Fitness-Willen aufbauen möchtest.
- es satt hast dich durch (Corona-bedingt) gecancelte Kurse in die Knie zwingen zu lassen.
- dir nie wieder selbst erzählen möchtest, dass du dein Training auf später verschoben hast und dann plötzlich Nacht war.
- die Schwierigkeit »der Tag müsste 36 statt 24 Stunden haben« in eine Leichtigkeit mit ein Haufen Bewegungsmotivation verwandeln willst.
- wissen willst, wie du deinen inneren Schweinehund überwinden kannst, um Bewegung zur echten Gewohnheit zu machen anstatt zum Ausnahmezustand.

Der Kurs ist nichts für dich, wenn du

- kein Problem damit hast, dass dich dein Schweinehund weiter an der Nase herumführt.
- nicht bereit bist deine Gewohnheitsmuster zu hinterfragen.
- geheime Wundertricks erwartest.
- nicht bereit bist, etwas für deinen Körper zu tun.

In diesem Kurs geht es nicht nur um die besten Übungen, um mit wenig Zeiteinsatz einen hervorragenden Fitness-Grad zu erreichen. Es geht vor allem auch darum, deinen ganz persönlichen Weg zu finden, mehr Bewegung in deinen Alltag zu integrieren. Damit du nicht nur motiviert startest, sondern diszipliniert durchhältst und Bewegung zum selbstverständlichen Bestandteil deines Lebens wird. Damit du in kurzer Zeit von dir sagen kannst: So fit war ich noch nie!

Mehr dazu auf *https://www.corneliabrueckner.com*

Ernährung

DIE fooducation® FORMEL – von Julia Zichner

Wie Du mit perfekter Food-Strategie Deine sportlichen Herausforderungen erfolgreich meisterst

Vorteile:

Kompaktes Wissen zur Sporternährung leicht verständlich aufbereitet. Kurzweilig in Videosequenzen präsentiert und um zahlreiche Arbeitsblätter ergänzt.

Finales Ziel:

Du erarbeitest Dir mit Hilfe der Kursinhalte und dem Support, wie Du Deine Food-Strategie so anpasst, dass Du Deine nächste sportliche Herausforderung mit Freude und dem gewünschten Erfolg absolvieren kannst.

Für wen:

Für alle, die Freude an Bewegung und sportlicher Aktivität haben. Für alle, die Wettkampfsituationen kennen oder hin und wieder ihre persönliche sportliche Herausforderung suchen.

Für wen nicht:

Alle, die einen klassischen Abnehm-Kurs suchen. Alle, die eigentlich gar nichts ändern wollen und lieber am Bestehenden festhalten. Alle, die schon alles wissen.

Unterschiede bzw. das Besondere am Kurs:

Der Online-Kurs »DIE fooducation®-FORMEL« ist kein reiner Selbstlernkurs. Du bekommst durchweg persönliche Unterstützung per exklusiver Facebookgruppe (nur für Kursteilnehmer) und Video-Calls. Im Vergleich zu Büchern liefert Dir der Kurs jede Menge praktischer Handlungsempfehlungen, die Du sofort in die Tat umsetzen kannst.

Mehr dazu unter *www.fooducation.de/formelfuersportler*

HORMON RESET Programm – von Rabea Kieß

Du fühlst dich erschöpft und ausgepowert, leidest an Stimmungsschwankungen, Zyklus- oder Wechseljahresbeschwerden und hast das Gefühl, immer mehr zuzunehmen, obwohl du eigentlich auf deine Ernährung achtest?

Dann liegt die Vermutung nahe, dass es für deine Beschwerden einen ganz speziellen Grund gibt, an den du bisher vielleicht noch nicht gedacht hast:

Ein hormonelles Ungleichgewicht!

Aus der Balance geratene Hormone führen zu einer Vielzahl an Beschwerden wie:

- Stimmungsschwankungen
- Erschöpfung und Müdigkeit
- Kopfschmerzen
- Ängste und Depressionen
- Starke und schmerzhafte Perioden
- Akne und Hautprobleme
- unregelmäßige Perioden
- Schlafstörungen
- Hitzewallungen
- nächtliche Schweißausbrüche
- Verdauungsbeschwerden
- Wassereinlagerungen
- Unfruchtbarkeit
- Geringe Libido
- Gespannte schmerzende Brüste
- Heißhunger
- Haarausfall
- Fett an Bauch, Hüften oder Oberschenkeln

All diese Symptome entstehen durch ein hormonelles Ungleichgewicht. Nun ist es so, dass wir unsere Hormone nicht getrennt voneinander betrachten können. Wenn ein Hormon in die Schieflage gerät, müssen die anderen Hormone dynamisch reagieren, um die Hormonbalance aufrecht zu erhalten. Das ist eigentlich super, denn auf diese Weise passt sich unser wunderbarer Körper flexibel und kurzfristig an seine äußeren Lebensbedingungen an.

Hormonelle Störungen und Beschwerden entstehen dann, wenn wir unser Hormonsystem dauerhaft überbeanspruchen. Dabei spielen viele Faktoren eine Rolle: Psyche, Stress, Ernährung, Leber- und Darmfunktion, Biorhythmus, Medikamenteneinnahme, Umwelteinflüsse oder ungünstige Lebensgewohnheiten.

Da alle Hormone miteinander vernetzt sind und sie ganz bestimmte Lebensbedingungen benötigen, um optimal zu funktionieren, kann nur eine ganzheitliche Herangehensweise helfen, deine Beschwerden ganz natürlich in den Griff zu bekommen. Und genau da setzt mein Hormon Reset Programm an!

Nutze jetzt die Chance, ganz strategisch mit meiner Hilfe und gemeinsam mit einer festen Gruppe gleichgesinnter Frauen an deiner Hormon Balance zu arbeiten!

Das HORMON RESET PROGRAMM ist ein Online Gruppen Programm. Das heißt du kannst mitmachen, egal wo du wohnst. Gemeinsam mit einer festen Gruppe von Frauen begleite ich dich 7 Wochen lang Schritt für Schritt zurück zu deiner Hormon Balance.

»Reset« heißt Neustart. Ich zeige dir im HORMON RESET PROGRAMM also, welche Bausteine deine Hormone für den Neustart brauchen, damit du dich endlich wieder wohl fühlst in deinem wunderbaren Körper!

Du lernst ...

- deine Symptome und deren Ursachen zu verstehen.
- wie du deine Hormone durch eine hormonfreundliche Ernährung, den Aufbau von Darm und Leber, die richtige Bewegung, Stressbewältigung und Selbstfürsorge in Einklang mit deinem Biorhythmus bringst – ohne Medikamente oder künstliche Hormone.

Mehr dazu, sowie die Möglichkeit zum Eintrag auf der Warteliste unter *https://rabea-kiess.de/hormonreset*

Life Coaching

UND WAS KOMMT JETZT? ABENTEUER LEBENSMITTE von Manuela Weigert

5 Schritte, um endlich das Leben zu führen, das du wirklich willst

Was bringt dir dieser Kurs

- du verabschiedest dich von Langeweile und Eintönigkeit in deinem Alltag und holst dir Freude und Inspiration zurück. Voller Tatendrang wirst du Neues erleben und dich gut dabei fühlen, so als hättest du 20 Jahre deines Lebens zurückbekommen
- dein Leben wird sich wieder sinnvoll anfühlen. Du entwickelst ein neues »Warum« und richtest deinen Fokus und deine Energie auf die neuen Ziele, die du dir aussuchen wirst. Bei all deiner Lebenserfahrung und Erfolgen, wird die Ideenquelle nur so sprudeln, sobald die Blockade gelöst ist
- du wirst Schritt-für-Schritt durch diesen Transformationsprozess geführt, bei dem ich dich begleiten werde, so dass dich Schwierigkeiten nicht ausbremsen und du Widerstände erfolgreich überwinden kannst

Denn dieser Kurs hat das Ziel, dass:

- Du weißt, was du jetzt noch wirklich willst und wie du das erreichst!

Dieser Kurs ist für dich richtig, wenn

- das Leben einfach nochmals eine neue Ausrichtung bekommen darf, obwohl du schon viel geleistet und erreicht hast

- Lebensfreude, Zufriedenheit und Energie ganz oben auf deiner Wunschliste stehen
- du in dich selbst investieren willst, um herauszufinden, was dich wirklich erfüllt
- du das Abenteuer Lebensmitte wagen und alles über Bord werfen willst, was dich daran hindert

Nicht richtig ist dieser Kurs, für alle die:

- nicht ins Tun kommen
- darauf hoffen, dass der Frust von alleine verschwindet
- keine Zeit investieren
- kein Geld für persönliche Weiterentwicklung ausgeben

Welchen Unterschied bietet dir dieser Online-Kurs im Vergleich zu einem Präsenzcoaching:

Dieser Online-Kurs bietet dir absolute zeitliche Flexibilität, sowie eine örtliche Unabhängigkeit. Du kannst die Lerneinheiten frei einteilen und musst nirgendwo zu einem Kurs fahren oder eine Übernachtung buchen. Damit sparst du Zeit und Geld.

Du kannst also jederzeit daran arbeiten, und zwar wann du willst und von wo du willst! Trotzdem bist du nicht alleine, denn ich stehe dir in regelmäßigen Terminen mit Rat und Tat zur Seite.

Mehr dazu unter: *https://www.und-was-kommt-jetzt.net*

BEWUSST-SEINs-AKADEMIE – SEI DEINE BESTE VERSION! von Isolde Maria Lippert

Mit Hilfe der Monatsimpulse und in Gemeinschaft bewusster Menschen, gelingt es Dir viel leichter...

- Deine eigenen Schritte zu gehen
- über Deine eigenen Grenzen hinaus zu wachsen
- Dein Herz zu öffnen
- in Herausforderungen offen zu bleiben
- an Dich selbst zu glauben
- Hinderliches zu transformieren
- mutig Deine Schritte zu gehen
- Dich mit dem Ursprung verbunden zu fühlen
- die beste Version Deiner-Selbst zu SEIN
- Dein bestes Leben zu erschaffen
- Dich zu dem Menschen zu entwickeln, der Du in Wahrheit bist

Bewusstes SEIN ... SEI der Mensch, der Du in Wahrheit bist. Sei Teil einer Gemeinschaft dessen Basis FREIHEIT & LIEBE ist

Für wen ist es?

Das Bewusst-SEINs-Forum ist für alle Menschen, die MEHR wollen und die bereit sind in ihre wahre Größe hineinzuwachsen.

Für wen ist es nicht?

Du wirst Dich im Bewusst-SEINs-Forum nicht wohl fühlen, wenn Du Deine alten Begrenzungen, hinderliche Glaubenssätze oder auch ein bestehendes Opferbewusstsein behalten magst.

Ebenso passt das Bewusst-SEINs-Forum eher nicht für Dich, wenn es Dir widerstrebt, an Dir Selbst zu arbeiten und Du lieber andere verändern möchtest.

Das Bewusst-SEINs-Forum unterscheidet sich von anderen Mitgliederbereichen dadurch, dass ich meine Erfahrung aus fast 30 Jahren eigener Bewusst-SEINs- Arbeit und 20 Jahren Bewusst-SEINs-Coach einfließen lassen.

Alles was ich lehre, lebe ich! – das ist das »Besondere« an mir, wie mir meine langjährigen Seminarteilnehmer immer wieder begeistert sagen.

Ich teile mein gelebtes Wissen und ich brenne dafür, andere Menschen dabei zu unterstützen ihre wahre Größe und ihr höchstes Bewusst-SEIN zu leben.

Nicht abgehoben – sondern mitten im alltäglichen Leben.

Mehr dazu unter: *www.member-isoldemarialippert.com*

Frauen/Mütter

I LOVE CHANTING COMMUNITY für vielbeschäftigte Mütter - von Marianne Maindl (Mitgliederbereich)

In Nullkommanix gelassener und beschwingter – auch, wenn du glaubst nicht (richtig) singen zu können

- Du fühlst dich frustriert, weil du im Alltag nur noch funktionierst ohne Freude und Gelassenheit?
- Kümmerst dich um alles, bist gehetzt, leicht reizbar und fürchtest, dass bald gar nichts mehr geht?

- Dein innerer Druck steigt, aber du bist antriebslos und deine Energie ist mittags schon auf dem Nullpunkt?

Dann ist es höchste Zeit! Hole dir wieder mehr Gelassenheit und Lebensfreude in den Alltag und tanke dich ohne großen zusätzlichen Zeitaufwand auf. Entdecke deine Stimme, verändere deine Stimmung und begegne den Anforderungen des Alltags energiegeladen und schwungvoll.

Die »I love-Chanting-Community« und ich unterstützen dich dabei, dich im Alltag wieder gelassen und frei zu fühlen. Gemeinsam singen, meditieren und quatschen wir, völlig unbekümmert, was andere von uns denken. Du bekommst von mir jede Woche in der Praxis bewährte Impulse und kannst für dich mitnehmen, was zu tun ist, um in kleinen Schritten deinen Stress, Frust und inneren Druck loszulassen, beschwingt deinen Alltag zu leben und die kindliche Unbekümmertheit zurückzugewinnen, die du vielleicht schon verloren glaubtest.

Die Vorteile:

Die »I love-Chanting-Community« zeigt dir aus einem anderen Blickwinkel, was es braucht, damit du dich im Alltag wieder gelassen und schwungvoll fühlst.

Die Mitgliedschaft beinhaltet:

- Wie du das Gefühl kindlicher Unbekümmertheit und Beschwingtheit im Alltag wiedererweckst, auch wenn du dich im Moment gar nicht mehr freuen kannst
- Die 3 erfolgreichsten Mental-Strategien, die du brauchst, um deine innere Energiequelle jederzeit zu nutzen
- Mich als Inspirations-Heldin an deiner Seite, die dich mit neurobiologisch basierten und erfolgserprobten, ineinandergreifenden

Tools bekannt macht, die dich von Blockaden, störenden Mustern, Stressauslösern und innerem Druck befreien
- Wie du die für dich passende Gelassenheit-Strategie im Alltag umsetzt und auf dich achtest, für dich, deine Familie und deine Gesundheit

Mehr dazu unter: *https://www.youcansing.sdb.ltd/vital-mit-you-can-sing*

»ERWECKE DIE GÖTTIN IN DIR« von Iris Baumann

Erspüre deine weibliche Kraft, entfalte die Liebe zu deinem erotischen Wesen.

Geht es dir auch manchmal so?

- Du fühlst dich wie Aschenputtel, ausgelaugt und wenig begehrenswert?
- Du gehst unter in Arbeit, Haushalt und Familienfürsorge?
- Dein Partner versteht dich nicht so wie du es dir wünschst oder du hast gar keinen?

Mach Schluss mit Selbstzweifel und Abrackern. Lerne wie Aschenputtel den Ort kennen, an dem deine sinnliche, weibliche Kraft wohnt. Der Lohn dafür ist das Kleid, das dich verwandelt.

Die Liebe zu dir selbst ist die Basis eines erfüllten Frauenlebens. In drei spannenden Wochen erarbeiten wir gemeinsam die ersten Schritte zu deinem erfüllten, weiblichen Potential.

Der Schwerpunkt des Online-Kurses »Erwecke die Göttin in dir« liegt auf der Förderung deines sinnlichen Bewusstseins. Darauf, deinen sinnlichen Körper, deine Liebesenergie und deine weibliche Kraft in deinem Leben zu verwurzeln.

Stell dir vor...

- du fängst nach dem Kurs an dein Liebesleben neu zu beleben.
- du bist wieder energiegeladen und fühlst dich begehrenswert.
- du bist glücklicher und hast deine weibliche Kraft erkannt.

Das alles würdest du dir sehr wünschen, aber gerade ist das (noch) unvorstellbar für dich und fühlt sich weit weg an?

Dann ist dieser Kurs umso mehr für dich geeignet! Denn er zeigt dir, egal ob du einen Partner hast oder nicht, wie du dich endlich wertvoll und genug fühlen kannst, ohne etwas zu leisten oder zu funktionieren.

Mein Name ist Iris Baumann. Ich bin Mentorin für weibliche Spiritualität und Sexualkultur. Den Weg, vor dem du geradestehst, habe ich schon hinter mir. Auch ich war in der Situation, dass mein Liebesleben in einer tiefen Krise steckte.

Aus der Not heraus lernte ich ganz neu, wirklich tief in meine weibliche Kraft zu gehen. Und ich erfuhr, dass genau das meinen Partner in seiner männlichen Kraft stärkt. Sehr erstaunlich war zu erkennen, wie meine weibliche Spiritualität mit meiner Sexualkraft verknüpft sind. So wurde mein Leben durch einen wahren Schatz bereichert.

Diesen Schatz möchte ich mit dir teilen.

<u>Wie läuft dieser Onlinekurs ab?</u>

1. Standortbestimmung

Dieser Online-Kurs beginnt mit einer Standort Bestimmung. Du erhältst dazu eine Mail, die dir hilft deine derzeitige Situation zu erhell.

2. Entfaltungszeit

In diesen drei Wochen wirst du täglich Informationen, Inspirationen und Übungen erhalten, die dich immer tiefer in deine weibliche Kraft bringen.

3. Einzelcoaching

Wenn du die Variante wählst mit mir persönlich zu arbeiten treffen wir uns zu 3 Zoom Meetings oder Telefonaten. Hier wirst du ausreichend Gelegenheit haben, Fragen zu stellen und persönliches Feedback zu bekommen.

4. E-Mail-Unterstützung

Wenn du die Variante wählst mit mir persönlich zu arbeiten kannst du mich während des Kurses so oft du magst per E-Mail anschreiben, um von mir Unterstützung und Feedback zu erhalten.

Je mehr du dich einbringst, desto mehr kann ich dich unterstützen und desto mehr Fortschritt wirst du in deinem Prozess erleben. Die besten Möglichkeiten, diesen Online-Kurs zu nutzen, ist wirklich ins praktische Tun zu gehen und deinen Prozess zu verschriftlichen.

Für wen ist dieser Kurs geeignet?

Er ist für dich, wenn du

- aus der Aschenputtel-Rolle herauskommen willst.
- deine weibliche Kraft entwickeln willst.
- dich danach sehnst, deine Sinnlichkeit mit deiner inneren Quelle zu verbinden.
- es leid bist, deine Gefühle zu verraten und einen Weg finden möchtest dich in deiner Integrität zu verwurzeln.

Er ist nicht für dich, wenn du

- noch sehr jung und erst frisch am Entdecken deiner Sinnlichkeit bist.
- gerne möchtest, dass alles so bleibt wie bisher.

Mehr unter *https://irisbaumann.de/angebote/erwecke-die-goettin-in-dir*

Glossar

Die wichtigsten Begriffe

Ich kann mich noch gut an meinen Einstieg in die Online-Marketing und Online-Coaching-Welt erinnern. Das war eine Zeit, in der ich mir öfters mal gewünscht hätte, jemand würde mir einige Begriffe erklären, damit ich mir nicht so unwissend vorkomme, wenn ich danach frage. Daher hier ein Glossar mit den wichtigsten Begriffen und der dazugehörigen Interpretation für dein Online-Coaching-Business.

Website

Das Zuhause deines Business im Internet. Lange wurde sie allerdings wie eine Visitenkarte im Netz verwendet, also quasi wie ein Schaufenster, in dem es deine Angebote zu sehen gibt. Sie kann jedoch viel mehr als das. Wenn du sie mit weiteren Disziplinen aus dem Online-Marketing (wie E-Mail-Marketing oder SEO – Definition folgt) verknüpfst, wird sie zum Akquise-Helfer.

Homepage

Wird oft verwechselt mit Website, ist aber genau definiert »nur« die Startseite deiner Website.

URL

Steht für Uniform Resource Locator und ist nichts anderes als die Adresse deiner Website, die normalerweise mit www oder mit https beginnt.

Host

Eigentlich ein Rechner, der im Internet Datenbanken zur Verfügung stellt. Umgangssprachlich jedoch verwendet für das Unternehmen, bei dem du Webspace (also Platz im Internet) kaufen musst, um deine Website zu veröffentlichen. Also bspw. Unternehmen wie 1&1 Ionos, Allinkl.com, HostEurope und so weiter.

Search Engine Optimization (SEO)

Übersetzt: Suchmaschinenoptimierung. Ein Bündel von Maßnahmen, das dazu beiträgt, dass deine Website im Internet gefunden wird. Wichtigste Voraussetzung dafür ist, dass du die für deine Zielkunden wichtigsten Keywords (Suchwörter) herausfindest, auf Basis derer deine Website optimiert wird. SEO ist eine hervorragende Unterstützung in deiner Kundengewinnung und kann bewirken, dass viele Zielkunden deine Website besuchen. SEO reicht jedoch allein nicht aus, um genügend Kunden für dein Online-Coaching-Business zu gewinnen.

WordPress

Content Management System, mit dem deine Website eine Struktur bekommt. Die Besonderheit an WordPress ist, dass es ein Open Source System ist, d. h. der Quellcode des Systems von jedem einsehbar ist. Das bedeutet für dich, dass selbst wenn der Anbieter von WordPress jemals vom Markt verschwinden sollte, du das System dennoch weiter nutzen kannst. Zudem ist WordPress das einzige

Content Management System, das wirklich mit jeder weiteren gewünschten Funktionalität verknüpfbar ist.

Theme

Ein Theme ist das Design deiner Website. Mit diesem Design legst du fest, wie und an welcher Stelle auf deiner Website bspw. Bilder gezeigt werden, wie Tabellen aussehen würde und so weiter. Hier wird zwischen einfachem Theme und Theme Framework unterschieden. Das beliebteste Theme Framework ist DIVI. Ein Framework ist flexibler als ein reguläres Theme, gleichzeitig jedoch komplexer zu bedienen.

Plug-In

Erweiterung für eine Software (beispielsweise WordPress), die zusätzliche Funktionalität liefert (beispielsweise Spam-Schutz, Daten-Backup usw.). Wichtig: Plug-Ins laufen nur gemeinsam mit der Hauptanwendung oder Software.

Landingpage

Zu Deutsch »Landeseite«. Eine Seite deiner Website, auf der Besucher »landen«. Der Unterschied zu einer regulären Unterseite deiner Website liegt darin, dass eine Landeseite immer nur ein konkretes Ziel hat. Beispielsweise soll sich darauf jemand für dein Webinar anmelden oder deinen Online-Kurs kaufen.

Es gibt für den Besucher nur zwei Möglichkeiten auf einer solchen Seite: Das zu tun, was du dir von ihm wünschst (anmelden, kaufen etc.) oder die Seite verlassen. Landeseiten haben also keine Ablenkungen und keine Navigation. Ausnahmen sind Landeseiten, die über Google beworben werden sollen, denn Google verlangt für jede Website zumindest eine minimale Navigation.

Vorteil einer Landeseite ohne Ablenkung: Du kannst sie ganz wunderbar direkt bewerben und somit Anmelder oder Teilnehmer gewinnen. Würdest du deine Zielkunden über Anzeigenschaltung auf deine reguläre Website leiten, wäre die Gefahr sehr groß, dass sie erst mal schauen, was es da noch so alles gibt und dann vergessen, sich anzumelden oder etwas zu kaufen.

Wichtigste Arten von Landingpages sind Salespages (auf denen du verkaufst), Opt-In-Pages (auf denen sich deine Zielkunden eintragen können) und Danke-Seiten (das sind die Seiten, auf denen deine Zielkunden nach der Registrierung oder nach dem Kauf kommen, um zu bestätigen, dass alles geklappt hat)

E-Mail-Marketing

Wird oft verwechselt mit Newsletter-Marketing. E-Mail-Marketing ist jedoch weitaus effektiver, denn, anstatt deine Interessenten regelmäßig einfach nur mit Informationen zu versorgen, baust du über E-Mail-Marketing – wenn du es richtig machst – eine echte Beziehung zu ihnen auf. E-Mail-Marketing Anbieter sind beispielsweise Klick-Tipp und ActiveCampaign, aber auch CleverReach, Mailchimp oder GetResponse.

Double-Opt-In

Gesetzlich vorgeschriebene Art und Weise der Anmeldung in einen E-Mail-Verteiler. Im Gegensatz zum Single-Opt-In muss der Interessent sein Interesse zur Aufnahme in den E-Mail-Verteiler nochmals separat bestätigen. Dies dient dazu, dass nicht jeder einfach jede E-Mail-Adresse in beliebige Verteiler eintragen kann. Nur derjenige, der die E-Mail-Adresse selbst auch hat, kann diese Bestätigung liefern.

Autoresponder

Auch E-Mail-Kampagne oder E-Mail-Sequenz genannt. Ein Autoresponder ist eine vorgefertigte Serie von E-Mails, die jemand erhält, nachdem er oder sie sich beispielsweise für deinen Lead Magneten eingetragen hat. Du bestimmst vorher den Inhalt und die zeitlichen Abstände zwischen den versendeten E-Mails.

Lead / Lead Generierung

Auch wenn es dazu in den gängigen Wörterbüchern keine Übersetzung gibt, ist Lead die englische Bezeichnung für Kontakt. Dieser Kontakt beinhaltet mindestens Namen und E-Mail-Adresse oder auch Telefonnummer, um im Nachgang Kontakt aufnehmen zu können.

Lead-Generierung beschreibt somit die Gewinnung solcher Leads, die du in deiner E-Mail-Liste verwaltest, um immer wieder mit ihnen Kontakt aufzunehmen, Mehrwert zu liefern und am Ende deine Angebote zu platzieren.

Lead Magnet

Auch Freebie oder Geschenk genannt. Die Amerikaner nennen das gern auch »ethical bribe«, also eine ethisch korrekte Bestechung. Will heißen: Ein E-Book, eine Checkliste, ein Videotraining, ein E-Mail-Kurs oder ähnliches, das du kostenlos für das Hinterlassen der E-Mail-Adresse anbietest.

Content / Content Marketing

Content bedeutet Inhalte. Content Marketing ist die für Coaches am besten geeignete Marketing-Disziplin, da die Kundengewinnung darin über Inhalte passiert. Du lieferst also in deinem Content

Marketing regelmäßig wertvolle Inhalte (beispielsweise über deinen Blog, Videos oder einen Podcast) und baust somit das Vertrauen zu deinen Zielkunden weiter auf, bis du am Ende der bevorzugte Coach für deine Zielkunden bist.

Webinar

Online stattfindendes Seminar. Der Begriff setzt sich aus Web und Seminar zusammen. Im Online-Coaching-Business vor allem auch verwendet, um Online-Kurse oder Online-Coachings zu verkaufen. Für den Erfolg ist die richtige Struktur wichtig.

Online-Kurs

Ein Trainingsprozess, in dem die Teilnehmer über das Internet angeleitet werden, von einem Ausgangspunkt A zum Lernziel B zu gelangen. Eine eventuelle Betreuung findet im Gruppenformat statt.

Online-Coaching

Ein Trainingsprozess, in dem die Teilnehmer über das Internet angeleitet werden, von einem Ausgangspunkt A zum Lernziel B zu gelangen inklusiver persönlicher Coaching-Sessions zwischen Coach und Coachee (1:1).

Coaching-Plattform

Es gibt zwei Arten von Coaching-Plattformen. Einmal Plattformen, auf denen Coaches sich zeigen und ihre Dienste anbieten können, um darüber eventuell von Coachees gefunden und gebucht zu werden (beispielsweise Xing-Coaches, früher Coachimo, CoachNow, CoachFox, Coachhub oder Coach-Datenbank). Zielen diese Datenbanken darauf ab, Unternehmen als Kunden für die Coaches anzuziehen (wie CoachNow oder Coach-Datenbank) und du coachst vor allem in Unternehmen – oder willst das tun – ist es keine schlechte Idee, dich dort eintragen zu lassen. Mit Zielgruppe selbstzahlende Kunden funktionieren solche Datenbanken jedoch nicht. Es ist absolut nicht empfehlenswert, dich bei solchen Datenbanken einzutragen. Zum einen, weil du nicht auf Stundensatzbasis coachen solltest (kein profitables Business möglich) und zum anderen, weil du dann von der Plattform abhängig bist.

Unter Coaching-Plattform verstehen viele aber auch Software-Lösungen, die es dir ermöglichen online zu coachen oder deine Online-Kurse einzustellen bzw. Mitgliederbereiche zu erstellen.

Mitgliederbereich (Coaching Plattform)

Software-Lösungen, die es dir ermöglichen, einen Mitgliederbereich oder Coaching-Bereiche zu erstellen, zu dem nur deine Coachees nach erfolgter Zahlung Zugang haben. Beispiele dafür sind: Coachy, Elopage, DigiMember, Cai-World usw..

Marketing Automation

Viele Prozesse im Marketing und in der Kundengewinnung können automatisiert werden, beispielsweise indem du einen Autoresponder (eine vorgefertigte E-Mail-Sequenz) einsetzt, um das Vertrauen bei deinen Zielkunden aufzubauen.

Voraussetzung dafür ist stets eine Software-Lösung (beispielsweise Klick-Tipp für E-Mails oder auch EverWebinar für automatisierte Webinare). Anders als viele glauben machen wollen, ist Automation allerdings erst dann sinnvoll, wenn du dein Online-Coaching oder deinen Online-Kurs bereits erfolgreich verkauft hast. Denn die Voraussetzung für den Erfolg in der automatisierten Kundengewinnung ist, dass du weißt, wie du deine Zielkunden ansprichst, wie du sie überzeugst und wie du sie überhaupt in deinen automatisierten Prozess (Funnel) hineinbekommst.

Funnel

Zu Deutsch: Trichter. Ein Wort, das oftmals wie das ultimative Heilsversprechen in der Kundengewinnung eingesetzt wird. Schließlich brauchst du nur einen »Funnel« und schon läuft es mit der Akquise (Ironie). Ein Funnel ist einfach nur die Reise deines Zielkunden zu dir. Von der ersten Kontaktaufnahme bis zum Abschluss. Selbstverständlich kannst du diesen Prozess sehr zielgerichtet gestalten. Ein einfacher Funnel wäre ein kostenloser Lead Magnet, die darauffolgende E-Mail-Serie zum Vertrauensaufbau und dann das Angebot für den Kauf eines Kurses.

Ein gut laufender automatisierter Funnel ist allerdings tatsächlich eine mehr als feine Sache in der Kundengewinnung. Bis du einen solchen Funnel aufbauen kannst, braucht es jedoch einige Voraussetzungen (den Schmerzpunkt deiner Zielkunden kennen, wissen, wo du sie findest, das richtige Angebot für sie haben etc.)

DSGVO

Datenschutzgrundverordnung, die zu Unrecht viele Unternehmer vom Internet fernhält. Es ist auch mit der DSGVO möglich, Daten ordnungsgemäß zu speichern und rechtmäßig einzusammeln.

Launch

Verkaufsaktion für dein Online-Coaching oder deinen Online-Kurs mit einem gezielten Buchungs-Ende (Deadline). Der Launch reicht dabei von der Erstansprache und dem Einsammeln der Kontaktdaten deiner Interessenten bis hin zum Anmeldeschluss. Der Launch ist für den Start die beste Art der Verkaufs-Aktion, denn, anders als wenn du jederzeit deinen Kurs oder dein Coaching verkaufst (also es die Angebote im Evergreen-Modus gibt), hast du hier eine Deadline, die viele dazu bringt, aktiv zu werden, um das Angebot nicht zu verpassen.

Evergreen

Im Unterschied zum Launch bedeutet der Evergreen-Verkauf, dass dein Online-Kurs jederzeit verfügbar und kaufbar ist. Evergreen zu verkaufen ist schwieriger als dies in einem Launch zu tun, weil es durch den fehlenden Buchungs-Schluss schwieriger ist, deine Zielkunden dazu zu bringen, genau jetzt ihre Herausforderung anzugehen und mit dir zu arbeiten.

Facebook-Pixel

Der Facebook Pixel ist ein Stück Code, der es dir ermöglicht, Facebook und Instagram Werbeanzeigen zu verbessern. Das tust du, indem das Pixel nachverfolgt, wer erfolgreich auf deine Werbeanzeigen reagiert und sich beispielsweise für deinen Lead Magneten anmeldet. Auf Grund dieser Daten kann deine Anzeigenschaltung verbessert und deine Zielkunden besser bestimmt werden, was dazu führt, dass deine Anzeigen günstiger werden.

Retargeting

Auf Grund dieser Daten kannst du dann auch ein Retargeting machen, also diejenigen, die bereits einmal auf deine Anzeige reagiert haben, wieder ansprechen. Zum Beispiel, wenn jemand deine Landingpage für die Anmeldung zu deinem Webinar besucht hat, sich aber dann doch nicht eingetragen hat. Diesen Menschen könntest du nochmals auf andere Weise ansprechen, um zu bewirken, dass er sich doch noch einträgt.

Pixel auf anderen Plattformen

Auch auf Pinterest, LinkedIn oder Google gibt es Hilfsmittel wie das Facebook-Pixel, um deine Anzeigenschaltung zu verbessern. Auf Pinterest heißt das ebenfalls Pinterest-Pixel, auf LinkedIn »Insight Tag« und bei Google AdWords »Google Tag« (oft auch Google Pixel).

Conversion

Eine Conversion beschreibt eine Umwandlung. Das Wort wird vor allem verwendet, um deinen Verkaufserfolg zu messen. Hast du beispielsweise 100 Menschen in deinem Webinar und 10 davon kaufen deinen Kurs, hattest du eine Conversion-Rate von 10%. Conversions kannst du aber auch beispielsweise bei Leads berechnen, indem du feststellst, wie viele Besucher deiner Opt-In-Page sich auch tatsächlich eingetragen haben. Hattest du also 1000 Besucher und 400 haben sich eingetragen, beträgt die Conversion-Rate deiner Opt-In-Page 40 Prozent.

Cost per Lead

Wenn du auf Anzeigenschaltung setzt, um deine E-Mail-Liste aufzubauen, ist es wichtig für dich, so schnell wie möglich herauszufinden, was dich ein Lead kostet. Hast du beispielsweise 100 Euro investiert und es haben sich 20 Menschen in deine E-Mail-Liste eingetragen (sind also zu Leads geworden), hast du einen Cost per Lead von 5 Euro.

Cost per click

Der Cost per Click gibt an, wie viel dich ein Klick auf deinen Link in einer Werbeanzeige kostet. Der Cost per Klick ist geringer als der Cost per Lead, da nicht alle, die auf den Link zu deiner Landingpage klicken werden, sich auch in deinen Verteiler eintragen.

CTA

Steht für Call-to-Action, also die Handlungsaufforderung in Anzeigen, E-Mails, Social-Media-Posts und auch sonst allen Kommunikations-Kanälen.

PPC

PPC Advertising steht für Pay-per-Click Advertising zu Deutsch PPC-Werbung. Hierzu gehören alle Online-Marketing-Modelle, die auf Basis von CPC (Cost per Click) abgerechnet werden. Hierbei bezahlt man nur, wenn das Werbemittel auch wirklich geklickt wurde.

Kundenavatar (auch Buyer Persona oder Wunschkunde)

Deinen Kundenavatar erhältst du, indem du deine Zielgruppe auf eine einzelne Person »herunter brichst«. Dieser Avatar ist also keine Gruppe (mit verschiedenen Schmerzpunkten, Lebensumständen usw.), sondern eine einzige Person. Das Eindampfen deiner Zielgruppe auf einen einzigen Avatar macht es dir leichter, dich in deinen Zielkunden hineinzuversetzen und die Sprache deines Zielkunden zu sprechen.

Der Kundenavatar wird auch gern als »Wunschkunde« bezeichnet, weil er genau den Kunden beschreibt, mit dem du in deinem Online-Coaching-Business am liebsten arbeiten würdest.

Customer Journey (a. k. a. Funnel)

Die Customer Journey beschreibt die Reise deines Zielkunden zu dir. Im Online-Marketing wird sie auch gern als Funnel beschrieben. Sie zeigt auf, welche Etappen dein Zielkunde durchläuft, bevor er sich für den Kauf oder die Buchung bei dir entscheidet.

Traffic

Im Online-Marketing steht Traffic für »Besucher«. Ohne Besucher, also ohne Traffic, keine Verkäufe, bzw. keine Buchungen deiner Erstgespräche.

Warme und kalte Zielgruppen

Diese Begriffe werden meist in der Anzeigenschaltung verwendet. Strahlst du eine Anzeige einer kalten Zielgruppe aus, also einer Zielgruppe, die dich noch nicht kennt, hast du in den meisten Fällen damit weniger Erfolg, als wenn du eine »warme« Zielgruppe verwendest.

Eine warme Zielgruppe besteht aus Menschen, die die bereits kennen, bspw. weil sie mit einem deiner Social-Media-Posts interagiert haben, weil sie bereits in deiner E-Mail-Liste sind, weil sie deinen Podcast hören, weil sie deine Videos angeschaut haben oder weil sie deine Fans in den sozialen Medien sind.

Social Proof

Steht für »sozialer Beweis«. Social Proof ist ein psychologisches Phänomen, bei dem Menschen die Handlungen anderer unter der Annahme übernehmen, dass diese Handlungen ein der Situation angemessenes Verhalten widerspiegeln. Oder einfacher gesagt: wenn viele Menschen bereits deinen Kurs durchlaufen haben, erleichtert das deinen Zielkunden, sich ebenfalls für ihn zu entscheiden.

Social Proof macht es Menschen leichter, sich für dich zu entscheiden. Sie werden bspw. Fan deiner Fanpage, weil du dort bereits viele Fans hast. Sie kaufen deinen Kurs, weil das bereits viele andere getan haben oder sie kaufen dein Buch, weil es dafür bereits viele positive Rezensionen gibt.

Split-Test (auch A/B-Test)

Laut Wikipedia ist der Split-Test eine Testmethode zur Bewertung zweier Varianten eines Systems, bei der die Originalversion gegen eine leicht veränderte Version getestet wird. Beispielsweise testest du damit wie gut deine Überschriften in deinem E-Mail-Marketing funktionieren.

Dazu würdest du zwei unterschiedliche Überschriften zunächst an einen kleineren Teil deines Verteilers verschicken und schauen, welche mehr Öffnungen erzielt. Diese Überschrift würdest du dann für den Rest deines Verteilers verwenden. Split-Testen kannst du aber auch beispielsweise die Farbe der Anmelde-Buttons auf deiner Landingpage, die Anordnung der Bilder auf deiner Salespage, Anzeigentexte und vieles mehr.

Tripwire

Tripwire steht für »Stolperdraht« und will ausdrücken, dass ein Zielkunde über ein günstiges Angebot von dir »stolpert« und zugreift. Ein Tripwire wird vor allem eingesetzt, um Anzeigenkosten zu refinanzieren.

Upsell

Ein Upsell ist dein Bestreben, deinem Kunden nach dem ersten Kauf (bspw. deines Einstiegsangebotes) ein weiteres höherwertiges Angebot zu verkaufen.

Challenge

Challenge bedeutet »Herausforderung«. Im Online-Coaching-Business lädst du dabei deine Zielkunden und Zielkundinnen ein, über mehrere Tage hinweg ein bestimmtes Ziel zu erreichen, bspw. eben eine Herausforderung zu bewältigen (daher der Name Challenge = Herausforderung).

⚠️

Für dich als Leser dieses Buchs:

Du willst dich und dein Business vom Start weg **einzigartig positionieren?**

Dann sichere dir meinen beliebten Positionierungskurs für Coaches *‚Mehr Einzigartigkeit, mehr Kunden'* für 99 statt 149 Euro.

https://business-celebrity.com/mehreinzigartigkeit

In diesem Online-Kurs lernst du:
- Wie du dich einzigartig und unmissverständlich positionierst und deine Wettbewerber unerheblich machst
- Welche Elemente zu deiner Positionierung gehören
- Wer dein perfekter Zielkunde wirklich ist
- Wie du dein Alleinstellungsmerkmal findest
- Was deine Mission ist und
- Wie du deine einzigartige Positionierung kommunizierst, um auch einzigartig wahrgenommen zu werden

Außerdem sind folgende Bonus-Trainings enthalten:
- Deine perfekte Über-Mich-Seite
- Dein perfekter Video-Elevator-Pitch
- Dein perfekter Elevator-Pitch (wenn du deine Zielkunden persönlich sprichst)

Jetzt für **99 statt** 149 Euro
sichern unter
https://business-celebrity.com/mehreinzigartigkeit